Selbstbehauptung in Zeiten der Zwänge

Eberhard Mannack

Selbstbehauptung in Zeiten der Zwänge
Jahrgang 1928

PETER LANG
Frankfurt am Main · Berlin · Bern · Bruxelles · New York · Oxford · Wien

Bibliografische Information der Deutschen Nationalbibliothek
Die Deutsche Nationalbibliothek verzeichnet diese Publikation in
der Deutschen Nationalbibliografie; detaillierte bibliografische
Daten sind im Internet über http://dnb.d-nb.de abrufbar.

Umschlaggestaltung:
Olaf Glöckler, Atelier Platen, Friedberg

Gedruckt auf alterungsbeständigem,
säurefreiem Papier.

ISBN 978-3-631-59768-2
© Peter Lang GmbH
Internationaler Verlag der Wissenschaften
Frankfurt am Main 2010
Alle Rechte vorbehalten.

Das Werk einschließlich aller seiner Teile ist urheberrechtlich
geschützt. Jede Verwertung außerhalb der engen Grenzen des
Urheberrechtsgesetzes ist ohne Zustimmung des Verlages
unzulässig und strafbar. Das gilt insbesondere für
Vervielfältigungen, Übersetzungen, Mikroverfilmungen und die
Einspeicherung und Verarbeitung in elektronischen Systemen.

www.peterlang.de

Meiner Frau Helga Mannack dankbar gewidmet

Inhaltsverzeichnis

Kinder und Jugendjahre unter Hitler 7

1945: „Neuanfang", zweite Diktatur unter Stalin 20

Flucht in ein freies Studium nach Tübingen 24

1950 – 1970: Studium und Karriere in bedrohtem Umfeld,
Freie Universität Berlin 28

1969/70: Wechsel nach Kiel 54

Lehr- und Forschungstätigkeit im In- und Ausland.
Schwerpunkt Barock- und DDR- Literatur 59

„Nationalistischer" Außenseiter 67

Vorträge für ein weiteres Publikum 73

Zeit der Wende 87

Aktualisierte Barockliteratur 94

Bemerkungen zur Autobiographie 97

Bibliographien in Auswahl 103

Abbildungen 105

Personenregister 117

Kinder- und Jugendjahre unter Hitler

Ich wurde 1928 im östlichsten Teil Sachsens geboren und verbrachte dort die ersten zwanzig Jahre meines Lebens, davon zwölf in der braunen und vier in der roten Diktatur. Das macht mich zweifellos weitgehend verdächtig und zwingt zu einer rigorosen Selbsterkundung mit dem schwierigen Vorsatz, bewussten Erinnerungslücken und Verdrängungen zu entgehen. Schwierig auch deshalb, weil selbst führende Vertreter des deutschen Geisteslebens in Bedrängnis gerieten, die oft ein antifaschistisches Bekenntnis in gefahrlosem Umfeld nachholten.

Für den frühen Teil meiner Kindheit darf ich Unschuld in Anspruch nehmen, doch für die Folgezeit sind erste Erkundungsversuche geboten. Wichtig erscheint mir dafür vor allem meine in entlegener Provinz angesiedelte Heimat, der im beliebten > Oberlausitz – Lied < gehuldigt wurde:

„Wo der Neiße silbernes Band sich schlingt,
um der Berge grünen Kranz,
wo aus blauer Ferne der Jeschken winkt
in der Abendsonne Glanz,
wo der Bergwald rauscht an der Lausche Hang,
wo der Hochwald grüßend ragt,
wo der Abendwind wie verschollner Sang
um verfallnes Gemäuer klagt."[1]

Der romantisch eingefärbte Text versammelt typische Landschaftselemente der Idylle und kündet damit von einer harmonischen Existenzform. Sanfte Berge und Hügel umgrenzen ein Tal, das ein Fluss seit langem in leichten Windungen durchzieht. Dem poetischen Topos entspricht durchaus meine Heimat, Die genannten Berge gehören zu einem Gebirgskamm, der zugleich weitgehend die Grenze zwischen zwei Staaten bildet, der Tschechoslowakei und Deutschland bzw. dem Sudetenland und Sachsen. Die Baude auf dem höchsten Berg Lausche (793m) bot ein Kuriosum insofern, als die Grenze durch ihren Flur verlief und jeweils eine deutsche

---

[1] Kurt Piehler. 1929. In: Sammelband Oberlausitz. Schöne Heimat, hrsg. von Frank Nürnberger. Spitzkunnersdorf 2004, S.3

und eine tschechische Wirtsstube besaß. So genoss man problemlos günstigere Angebote und lief beim Schmuggeln keine Gefahr.

Ich wohnte im bergischen Vorland in einem ruhigen Straßendorf namens Mittelherwigsdorf, das etwa zweitausend Seelen umfasste und einen entschieden vorindustriellen Charakter besaß. Dem entsprach eine hierarchische Mentalität. Höchstes Ansehen besaß der evangelische Pastor, den wir mit „Gott befohlen, Herr Pfarrer" ehrfurchtsvoll begrüßen mussten, sobald wir ihm begegneten. Kantor, Arzt und Lehrer galten als weitere Respektspersonen. Unter den Landwirten beanspruchten etwa vierzig Bauern eine Sonderstellung, deren großzügige Gehöfte in leicht erhöhter Lage sich von den „Häuslern" absetzten.

Meine Großeltern wohnten im selben Ort mit unterschiedlichem Status. Mütterlicherseits handelte es sich um einen fleißigen Tagelöhner, während die seit langem ansässigen Mannacks als Uhrmachermeister und später als Beamte höheres Ansehen genossen. Beide Familien kamen selten zusammen, wohl wegen der „Standesgrenzen". Zudem galt der Großvater als eine öffentliche Person. Er stand der Krankenkasse vor, überließ aber schon bald seiner Frau die Hauptarbeit, weil er Nebentätigkeiten interessanter fand. Da er mehrere Instrumente beherrschte, spielte er öfter zu Dorffesten auf. Noch mehr schätzte er sein Amt als „Hochzeitsbitter" – als solcher beeindruckte er mich tief, wenn er mit Zylinder, Frack und weißen Handschuhen aufbrach, um Hochzeitsgäste einzuladen und sie beim Fest selber zu unterhalten. Es scheint, dass ich von seiner Rhetorik stark beeinflusst wurde. Natürlich übte er dieses Amt nur in „höheren" Gesellschaftskreisen aus, und er pflegte einen Lebensstil, den er sich eigentlich nicht leisten konnte. Darin übertraf ihn bei weitem sein Bruder, der auf „Normalität" verzichtet hatte, um den Künsten des Komponierens, Orgelspielens und Malens hemmungslos nachzugehen. Schlesische Schlossherrinnen nahmen sich seiner des öfteren an, und das veranlasste ihn offensichtlich, in das schlichte Heimatdorf per Kutsche und Diener feierlich einzuziehen. Die Entlohnung überließ er seinem sparsamen Vater. Von der nicht ganz standesgemäßen Hochzeit meiner Eltern erhofften die Dorfbewohner frische Blutzufuhr zur Regeneration einer etwas fragwürdigen Familie. Weil ich öfter krank war, galt ich als Variante des bewunderten wie abschreckenden Großonkels.

Die Politik blieb zunächst ein lokales Geschehen, bis sie die Harmonie der Idylle allmählich untergrub. Ein NS-Ortsgruppenleiter weckte nicht eben Begeisterung, zumal er als niederer Angestellter auf Geringschätzung stieß. Meist vermied man den Eintritt in die Partei dadurch, dass man den vielen Unterorganisationen beitrat. Mein Motorradbegeisterter Vater wählte das NS-Kraftfahrerkorps NSKK; der Volksmund las das Kürzel als „Nur Säufer, keine Kämpfer" und wählte damit eine witzige Distanzierung, wie sie später zur Entlastung öfter geübt wurde.

Die angesehenen Bauern verachteten die Braunen als Emporkömmlinge, waren aber oft genug auf finanzielle Hilfe dank der Blut- und Boden-Ideologie angewiesen. Trotz der Erfolge der neuen Machthaber aber blieben Irritationen bestehen. In der Dorfkirche wohnten öfter fremde Männer den Gottesdiensten bei, die Notizen verfertigten, aber nicht den Eindruck von Frömmigkeit erweckten. Verdacht hatte der Pastor dadurch erregt, dass er eine am Altar angebrachte Schwarz-weiß-rote Fahne nicht durch die verordnete Hakenkreuz-Fahne ersetzt hatte und in der Predigt zuweilen zweideutige Formulierungen verwendete. Derartige Lauschangriffe gegen die höchste Autorität erregten Missfallen und erzeugten Misstrauen in der bislang recht friedlichen Dorfgemeinschaft.

Meine erste Begegnung mit der großen Politik verdanke ich einer Serie von ernsthaften Erkrankungen, die der Dorf-Medizinalrat durch einen Aufenthalt an der rund vierhundert Kilometer entfernten Ostsee zu beenden hoffte. Meine Mutter wagte das Abenteuer einer so langen Bahnfahrt, meiner ersten überhaupt, die uns in Berlin sogar zum Wechsel der Bahnhöfe zwang. Ein Großonkel stellte sein Auto zur Verfügung und ließ uns durch das Zentrum der Reichshauptstadt chauffieren, das wegen der Olympiade besonders üppig herausgeputzt war.

Welche Eindrücke dies beim achtjährigen Dorfjungen hinterließ, lässt sich kaum beschreiben. Meterhohe Hakenkreuzfahnen zwischen Pylonen gespannt säumten die Prachtstraße > Unter den Linden < und verwandelten sie in eine Triumph – Allee. Menschen aus allen Ländern huldigten nun einem Staat, der noch wenige Jahre zuvor Elend und Demütigungen hatte erdulden müssen. „Das danken wir dem Führer" verkündeten Spruchbänder und Lautsprecher und schienen Sportler aus aller Welt zu bestätigen, als sie mit deutschem Gruß die Führertribüne des Stadions passierten, darunter die Mannschaft des französischen Erbfeindes. Dabei überschlug sich die Stimme des Radioreporters.

Auf dem Wunschzettel des Achtjährigen standen fortan nationale Devotionalien. Lineol-Nachbildungen von Hitler mit beweglichem Arm, von seinen Paladinen und zunehmend Soldaten aller Waffengattungen mit entsprechenden Waffen und Fahrzeugen konnte man sehr billig erwerben. Das Hauptangebot im verbreiteten Katalog fand sich unter dem Stichwort > Die deutsche Wehrmacht < in vielen Details[2]. Ihre verblüffende Wirklichkeitstreue (siehe Abb. 1, S. 107) machte schon das Kind mit der expandierenden Armee vertraut, deren Erfolge im Spanienkrieg und beim Einmarsch in das „entmilitarisierte" Rheinland Demütigungen des Versailler Diktats beseitigt hatten. Es war gelungene Werbung für den späteren Wehrdienst und erleichterte die Wahl der Kampfgattung. Man wetteiferte um die bestmöglichen Kenntnisse, imitierte Aufmärsche und spielte Krieg. Selbst im einfachen Bauerndorf mehrten sich die Uniformträger und hoben das Prestige manch schlichter Gemüter. Spott blieb nicht aus. Als die Partei den Hitlergruß für obligatorisch erklärte, beanspruchte die Frau des Dorfschmiedes das Wächteramt. Wenn wir die seit langem vertrauten Mitbewohner noch traditionell begrüßten, korrigierte sie lauthals den Delinquenten mit den Worten:" Ein Deutscher grüßt mit Heil Hitler!" Das brachte ihr den Namen „Hitlerpauline" ein und war dem soliden Schmiedemeister peinlich.

Über die „idyllische" Oberlausitz freilich brach schon bald der Ernst der großen Politik herein. Unsere Wanderwege über Berge und durch rauschende Wälder füllten sich mit Lärm und verwandelten sich in Sperrgebiete mit bedrohlichen Warnungstafeln. Weil die Tschechen die angrenzenden Sudetendeutschen angeblich schikanierten, sah sich Hitler zu Gegenmaßnahmen gezwungen und ließ Bunker errichten. Sie signalisierten Krieg und sorgten für allgemeine Verstörung. Dass es nicht dazukam, verdankten wir dem politischen Geschick des Führers oder genauer dem Nachgeben der englischen und französischen Regierungen.

Für den Triumphzug wählte er die über die Zittauer Berge führende Passstraße an der Lausche, im offenen Mercedes stehend und den Jubel des Volkes genießend. Das war in Massen herbeigeströmt, auch aus meinem etwa 12 km entfernten Heimatdorf. Weshalb ich im verödeten Ort zurückblieb, vermag ich nicht endgültig zu begründen : War es eine bis

---

2 Das Lineol-Bilderbuch 1938/39 bietet auf 19 Seiten Nachbildungen der deutschen Wehrmacht an.

heute anhaltende Idiosynkrasie gegen Massen oder eine labile Gesundheit?
Von früher Kindheit an litt ich unter schweren Krankheiten, die erst allmählich abklangen. Der Zeitgeist aber hegte andere Erwartungen, die der Führer nachdrücklich formuliert hatte:

„Meine Pädagogik ist hart. Das Schwache muß weggehämmert werden [...] Es darf nichts Schwaches und Zärtliches an ihr sein [...]Ich will eine athletische Jugend [...] Ich will keine intellektuelle Erziehung. Mit Wissen verderbe ich mir die Jugend."[3]

Athletisch war ich weiß Gott nicht, sondern eben kränklich, und das hieß im damaligen Jargon „schwächlich". Weil Turnen zunehmend Kultcharakter gewann, war ich Diskriminierungen ausgesetzt, die Trotzreaktionen auslösten. Den mit dem zehnten Lebensjahr obligatorischen Eintritt in das „Jungvolk" verzögerte ich mit Hilfe eines Arztes um zwei erlaubte Jahre, und für einen Aufstieg in der HJ – Führerhierarchie fehlte der Ehrgeiz. Darin bestärkten mich der Englisch- wie auch der Biologie-Lehrer meiner Oberschule. Sobald dekorierte Klassenkameraden Verstöße wortreich zu rechtfertigen versuchten, las er demonstrativ Artikel aus der HJ-Zeitschrift > Hilf mit < vor, in denen die hohen Tugenden der neuen deutschen Jugend hymnisch gepriesen wurden. Das weckte Skepsis gegen ideologisches Geschwätz, die mich bis heute nicht verlassen hat. Der überaus offenherzige Biologie-Lehrer konstatierte eine mit der Rangerhöhung der HJ-Führer wachsende Dummheit. Als er sich in der Sowjetzone ähnlich abschätzige Kommentare erlaubte, musste er sich nach Westberlin absetzen.

Erschreckend primitiv freilich verhielt sich der Turnlehrer, der auch in Religion unterrichtete und dabei auf sein Tagebuch aus dem ersten Weltkrieg verwies, das er stolz als seine Bibel reklamierte. Beim Völkerball stellte er die deutsche Mannschaft zusammen, während er mir den schwächlichen polnischen Gegenpart überließ. Am Ende freute er sich dann über den Sieg der Deutschen, bis wir einmal verabredeten, den Polen die Siegespalme zu überlassen. Darüber litt er unter einer echten

---

3   Walther Hofer: Der Nationalsozialismus. Dokumente 1933-1945. Aus: Hermann Rauschning:> Gespräche mit Hitler <. Frankfurt/Main 1957 und öfter, S.88.

Depression. Da sein Name Walter Bock lautete, löschten Schüler regelmäßig den ersten Buchstaben des Vornamens an seiner Zimmertür.

Meine Eltern waren davon überzeugt, dass Politik den Charakter verderbe und untersagten uns vor allem die Lektüre des antisemitischen Hetzblattes > Der Stürmer <, dessen Geschmacklosigkeit nicht mehr zu überbieten war und als pornographisch galt[4]. Eine persönliche Erfahrung macht mich bis heute betroffen. Ein renommierter Arzt, der mir öfter geholfen hatte, durfte als Jude nicht mehr praktizieren und wurde mittellos. Deshalb beschloss meine Mutter, ihn mit den nötigsten Lebensmitteln zu versorgen, bis er ihr bedeutete, dass sie damit sich und ihn gefährde. Kurz danach erfuhren wir insgeheim, dass seine arische Ehefrau einer Scheidung nicht zugestimmt habe und mit ihm den Freitod gewählt hatte. Das galt damals als höchste Sünde, und dazu hatte sie ein auf Recht und Ordnung fixierter Staat veranlasst. Wagte man nachzufragen, erhielt man die zeitlos geübte Antwort, dass der Führer davon nichts gewusst habe. Da der Führer mit der göttlichen Eigenschaft der Allwissenheit ausgestattet war, hätte dies irritieren müssen, doch seine wachsenden Erfolge steigerten seine Beliebtheit und stempelten den Kritiker bzw. "Nörgler" zum Außenseiter. Dank der NS-Volkswohlfahrt (NSV) übte er zudem eine Barmherzigkeit, die den Armen und Bedrängten zugute kam. An „Eintopfsonntagen" schwärmten Tausende aus, mit klappernder Sammelbüchse, um für zwanzig Pfennige Abzeichen zu verkaufen, die meist kunstvoll gestaltet waren. Die Aktion kam der bedrohten Heimarbeit – u.a. Holzschnitzerei, Kunstblumengewerbe, Glasgießerei oder Malerei – zugute (vgl. Abb. 2, S. 107), brachte hohe Beträge ein und vertiefte das Gefühl der „Volksgemeinschaft". Dass er damit christliche Nächstenliebe übte, machte Eindruck auf ein noch immer vom Glauben geprägtes Volk. In welch hohem Maße Hitler selbst eine christliche Selbststilisierung betrieb, ist von der Forschung überzeugend nachgewiesen worden.[5]

1939 wurde ich in das renommierte Realgymnasium der sechs km entfernten Kreisstadt Zittau aufgenommen – zu meinem Leidwesen angesichts einer unzureichenden Infrastruktur. Wenn im Winter der Linienbus

---

4   Julius Streicher, Herausgeber der Zeitschrift > Der Stürmer <. Gauleiter in Franken.

5   Erste Belege schon bei Viktor Klemperer: > L.T.I. Notizbuch eines Philologen <. Berlin 1947. „Der Nazismus wurde von Millionen als Evangelium hingenommen, weil er sich der Sprache des Evangeliums bediente." (S. 125)

wegen voralpiner Schneeverhältnisse ausfiel. musste ich laufen, zog wegen Rutschgefahr alte Strümpfe über meine Schuhe, um noch rechtzeitig am Unterricht teilzunehmen. Gelang dies nicht, gab es einen Rüffel. Besonders gefürchtet war der Chemielehrer mit dem Spitznamen „Iwan der Schreckliche", der mich als Dauerhelfer für seine permanenten Experimente in Anspruch nahm, was als Auszeichnung galt. Als er mir eine Knallgas-Demonstration überließ, hegte ich daran Zweifel; er hatte sich in den Hintergrund verzogen und bemerkte, dass die recht starke Flamme die Härchen meines rechten Armes versengt hatte. Daraufhin klopfte er auf meinen linken Arm mit der Bemerkung, ein Opfer der Wissenschaft müsse sich daran gewöhnen, und dafür sorgte er auch weiterhin.

Zu Kriegsbeginn am 1. September 1939 wurden wir sofort nach Hause geschickt mit den Ermahnungen, uns bei Fliegerangriffen zu verstecken und Fremden aus dem Weg zu gehen. Sandsäcke und Wassereimer auf den Schulgängen erinnerten in den folgenden Jahren an den Krieg, blieben aber unbenutzt, weil die entlegene Oberlausitz von jeder Bedrohung verschont blieb. Schon nach einem Jahr war das halbe Europa besiegt, und das erweckte Friedenshoffnungen, die abrupt verschwanden, als Hitler in die Sowjetunion einfiel. Selbst der rasante Vormarsch ließ das Schicksal Napoleons nicht vergessen, obschon die Propaganda nur von Millionen toten und verwundeten Russen regelmäßig berichtete.

Weshalb die Wehrmacht kurz vor Moskau anhielt, konnte man freilich aus Aufrufen an die Bevölkerung, warme Kleidung jeder Art zu spenden, unschwer erschließen. Das galt auch für die Zunahme der mit einem Eisernen Kreuz geschmückten Todesanzeigen, oft unterzeichnet mit der perversen Formel „In stolzer Trauer" als Abschiedsgruß für Ehemänner und Söhne, die öfter noch nicht einmal das zwanzigste Lebensjahr erreicht hatten. Wer aber Zweifel an dem Endsieg äußerte, riskierte strenge Strafen wegen „Wehrkraftzersetzung".

Ich wählte die Rolle des Beobachters. Im Flur unseres geräumigen Wohnhauses brachte ich ein Kartenwerk an, auf dem Fähnchen und Wollfäden die Eroberung Europas markierten. Davon profitierte ich auch im Geographie-Unterricht. Den massiven Rückzug – meist als" Frontbegradigung" entschärft – konnte ich ungeschönt nachvollziehen, wenn rieselnder Putz der Wand verriet, dass ich dort noch kurz vorher ein Siegeszeichen eingenagelt hatte. Gegen den Schock von Stalingrad rief der Rektor die gesamte Schülerschaft in der ehrwürdigen Aula zusammen, nicht ohne merkliche Nervosität, weil Lehrer in NS-Uniformen erhöhte Kontrollposten bezogen. Wir Pubertätsgeschädigten wurden dem Ernst der Lage nicht gerecht, weil wir schmunzelnd konstatierten, dass die Aufpasser zumeist mit defizitärer Intelligenz ausgestattet waren. Man schickte uns rasch in die Klassenzimmer zurück.

Dank des provinziellen Abseits verlief das Leben in der Oberlausitz nahezu normal. Als störend empfand man die Verdunklung, zumal noch nicht einmal Fliegeralarm stattfand; nach der Weissagung einer prophetisch ausgestatteten alten Frau sollte „das Land der blauen Steine" – gemeint war der Basalt des Zittauer Gebirges – überhaupt verschont bleiben.

Regelmäßige Einberufungen zum Wehrdienst sorgten freilich für Irritationen. Mein Vater erhielt 1942 als Vierzigjähriger den Stellungsbefehl nach Albanien, seitdem traf es zunehmend immer jüngere Jahrgänge, vor allem Oberschüler unter dem euphemistischen Begriff der „Heimatverteidigung", die zur Tarnung ihrer halbmilitärischen Uniform zum Tragen einer Hitler-Jugend-Armbinde verpflichtet waren. Mich erreichte der Befehl zur Musterung mit 15 ½ Jahren. Der forsche Militärarzt erkannte durchaus meine Krankheitsfolgen auf dem Röntgenbild, prophezeite deshalb eine geringe Lebenserwartung, aber schrieb mich doch „KV", d.h. kriegsverwendungsfähig, ebenso wie den größten Teil der Schulklasse.

Die Einberufung erreichte uns im Januar 1944, da war ich 15 ¾ Jahre alt, und der Auftrag bestand in der Verteidigung der Reichshauptstadt „gegen Terrorangriffe der Anglo-Amerikaner" (Abb. 3, S. 108). So sah ich nach acht Jahren Berlin wieder, nun freilich ohne olympischen Prunk. Daran hätten auch Zerstörungen gehindert, die zum Zentrum erschreckende Ausmaße annahmen. Was sich neben Schutthaufen an Häusern erhalten hatte, entpuppte sich öfter als Rest einer Fassade oder provisorisch errichtete Unterkunft. Schließlich erreichten wir unseren noblen Einsatzort, das Dach des achtstöckigen Finanzministeriums mit zwei leichten Flakgeschützen. Ein drittes war bereits in die Tiefe gestürzt, doch unter uns lagen die noch intakten Gebäude der Reichskanzlei und des Propagandaministeriums, dazu die Ruine des geschichtsträchtigen Kaiserhofes. Fotografieren war leider streng verboten, wohl weil es die Kampfmoral untergraben hätte. Mich reizte dazu eine Mauer mit der verbreiteten Parole „Räder müssen rollen für den Sieg", die wenigstens fragmentarisch einen Bombeneinschlag überlebt hatte. Die mit makabrem

Humor ausgestatteten Engländer warfen am Vorabend des bislang zelebrierten Tages der Machtergreifung Flugblätter über uns ab, mit dem Versprechen, sie würden diesmal den obligatorischen Fackelzug übernehmen. Als die Bombeneinschläge uns mit Feuersbrünsten einkreisten, flüchteten wir kellerwärts. Unseren Zugführer hatte ein Flaksplitter getroffen, und auf unsere Frage, was wir mit Kanonen von einer maximalen Reichweite von zwei km gegen acht km hochfliegende Bomber ausrichten könnten, wusste niemand eine Antwort.

Ein Volltreffer hatte die Küche verwüstet und veranlasste unsere fürsorglichen Vorgesetzten zum Umzug in einen Randbezirk ohne schützenswertes Ziel. Untergebracht waren wir in Baracken, deren Bettpfosten in Blechdosen ruhten. Das sollte gegen Wanzen schützen, half aber nicht. Das Kaliber der Kanonen blieb unverändert und zwang uns weiterhin zur Waffenruhe, da auch die angedrohten Tiefflieger ausblieben. Zum Ersatz reinigten wir täglich Rohre und Verschlüsse, unterbrochen vom Unterricht des mitgereisten Betreuungslehrers. Er meldete dem Rektor in Zittau regelmäßig, dass wir überlebt hätten.

Die Bomberpulks erschienen ab März auch tagsüber, und wir beobachteten aus sicherer Ferne die Brandherde. Betroffen war zumeist die Innenstadt, was mich einmal sehr beunruhigte, weil ich eine Freikarte für eine Operetten-Aufführung im Theater unter den Linden erhalten hatte. Schon die Anfahrt per S-Bahn war mehrfach unterbrochen und zwang zum Umsteigen in Busse. Das Theater hatte Risse bekommen, spielte aber weiter. Auf einem Pfad zwischen Trümmern der Friedrichstraße gelangte ich – gegen den Qualm noch immer glimmender Trümmerreste mit einem nassen Taschentuch geschützt – zum Musentempel. Bereits im Foyer beeindruckte ein illustres Publikum; Offiziere verschiedener Waffengattungen, darunter Ritterkreuzträger, lustwandelten neben Damen in langen Kleidern und reichlich Schmuck. Die Ausstattung der Bühne und die Sänger ließen nichts zu wünschen übrig, allen voran die Hauptheldin mit tiefem Dekolleté. Das verschwieg ich gegenüber Vorgesetzten, denn als Hitlerjungen durften wir nur in jugendfreie Filme, und davon blieben schon Darbietungen von Mädchenbeinen, die erst knapp oberhalb des Knies verhüllt waren, ausgeschlossen. Wer womöglich den Heldentod starb, tat dies wenigstens moralisch sauber.

Stadturlaub erhielt ich zum 2o. April anlässlich des 55. Geburtstages von Hitler, der auch diesmal feierlich begangen wurde. Eine Militärkolonne mit hochdekorierten Offizieren zu Pferde an der Spitze marschierte im preußischen Paradeschritt durch die einstige Prachtstraße > Unter den Linden < bis zur > Ewigen Wache < und vollzog die streng ritualisierte Wachablösung unter Klängen heldischer Marschmusik. Ihr Echo kam von den Ruinen beiderseits der Traditionsallee zurück, an denen Männer unter Mühen die Inschrift „Das danken wir dem Führer" zu löschen versuchten. Sie spielte damit auf eine vertraute NS-Losung an, die Hitlers umfassende Verdienste zu preisen bestimmt war. Offensichtlich war den Funktionären die Peinlichkeit der Kontrast-Demonstration nicht entgangen.

Der Vorgang spiegelte eine wachsende Skepsis wider, wie sie sich auch in zunehmend bösartigen politischen Witzen entlud. Ich sammelte sie und konnte Repressalien dadurch entgehen, dass ich auf einem Zettel jeweils ein unverfängliches Stichwort festhielt. Meine Kameraden belustigten sich daran, doch einer davon versetzte mich in Schrecken. Er bat mich, in Zittau seinen Vater zu besuchen, der dem gefürchteten Sicherheitsdienst (SD) angehörte und politische Witze zu sammeln hatte, um zum Ersatz fehlender demoskopischer Praktiken Stimmungsparameter aufzustellen. Ich vertraute meinem Freund, folgte seiner Einladung zum Kaffee mit lang entbehrtem Kuchen und saß bald einem Altparteigenossen gegenüber, der sich vor Lachen begeistert auf die Schenkel schlug. Von da an ließ er mich regelmäßig herzlich grüßen.

Dramatisch aber verlief der 20. Juli 1944 mit dem Bombenattentat auf Hitler. Wir erhielten erstmals Gewehre und mussten um unsere Stellung herum Gräben ausheben, um uns gegen befürchtete Aufstände der vielen Fremdarbeiter zu schützen. Als bei einem Appell sodann der Kommandeur verkündete, dass der Führer überlebt habe, erscholl aus dem Trupp der Flakhelfer das Wort „schade". Das trug uns peinliche Verhöre ein, doch keiner wollte gerufen haben. Daraufhin erhielten Verdächtige eine Freikarte für eine Verhandlung am Volksgerichtshof, die durch einen Alarm ausfiel. Wie hätte ich wohl auf die hassverzerrte Fratze des berüchtigten Freisler reagiert, wenn er seine pöbelhaften Beschimpfungen über ehrenwerte Angeklagte ergoss. Eine Fliegerbombe hat ihn zur großen Erleichterung vieler endgültig ausgelöscht.

Die Monotonie des Dienstes brach ab, als wir einen neuen Standort beziehen mussten, den bei Angriffen ein starker Scheinwerfer ins Licht tauchte. Daraufhin wurden wir zum Ziel einer gefürchteten Luftmine, deren Druck mich gegen den Geschützwall warf und unsere Baracken grotesk verformt hatte. Es mag der Schock gewesen sein, dass ich spontan auf den schrägen Tisch sprang und in Nachahmung der von Göbbels inszenierten makabren Massenkundgebung rief „Wollt Ihr den totalen Krieg?", die meine Mitstreiter im Unterschied zum offiziellen Vorgang lauthals mit „nein" beantworteten. Dass die Vorgesetzten nicht eingriffen, verriet auch deren Verunsicherung angesichts eines sich steigernden Bombenkrieges, der uns oft vierzehn Nächte um den Schlaf brachte. Mein Freund erlitt einen Unfall, weil er während eines Tagesmarsches einschlief und gegen einen Telegrafenmast prallte. Eine plötzliche Verlegung in die mitteldeutsche Provinz erweckte Hoffnungen, die sich auf absurde Weise zu erfüllen schienen. Per Güterzug schaffte man uns in die Nähe von Merseburg, wo man uns an Kanonen des Kalibers 8,8 cm ausbildete. Dann ging es weiter zum vorgesehenen Standort, für den Geschütze von 10,5 cm bestimmt waren, deren Montage mindestens vier Wochen in Anspruch nahm.

Gewehrübungen erschienen selbst unseren Ausbildern als überflüssig, da der Feind in 8-10 Kilometern Höhe zu erwarten war. Sie entsprachen unserer Bitte, bei der Kartoffelernte zu helfen, und sorgten so für doppelte Zufriedenheit. Zum ersten Mal erfreuten wir uns an einer sinnvollen Tätigkeit ebenso wie an einer ungewohnten Sättigung, und nachts bewunderten wir bedenkenlos die explodierenden Tanks der Leunawerke als Feuerwerk von besonderer Schlagkraft. Schließlich durften wir Sperrfeuer schießen, um die Bomberverbände abzudrängen. Was wir damit anrichteten, wurde ich mit Schrecken auf der Fahrt ins nahe Merseburg gewahr. Weil abgedrängte Bomber ihre Ladung loswerden wollten, warfen sie sie ziemlich wahllos über der bislang wenig geschädigten Stadt ab. Den Weg zum einstigen Bahnhof wiesen notdürftig reparierte Schienenstränge und ein Häufchen wartender bzw. hoffender Reisewilliger. Die Betroffenheit war groß und hinterließ das Gefühl von Schuld. Überraschende Vorgänge der Folgezeit aber ließen kaum Zeit dafür, denn Ende Januar 1945 verkündete der Batteriechef, dass wir wieder im Raum Berlin gebraucht würden, nun im Erdkampf. Wir erhielten Gewehre, die wir schon am nächsten Tag abgeben mussten, und derselbe Chef überraschte uns nun mit der kurzen Aussage, dass auf höheren Befehl alle Luftwaffenhelfer wegen ihres Jugendalters sofort nach Hause zu entlassen seien. Für diese fulminante Einsicht also hatten führende Köpfe mehr als ein Jahr gebraucht.

In der noch immer vom Krieg völlig verschonten Heimat sollten wir uns beim Arbeitsdienst, HJ, beim Wehrkreiskommando und in der Schule zurückmelden. Uns „Fronterfahrenen" erschienen die beiden ersten Institutionen als unzumutbar, doch die offizielle Wehrmachts-Kommandantur musste aufgesucht werden. Zunächst aber begaben wir uns in die vertraute Penne – nicht ohne Erwartung eines gebührenden Empfanges. Der von allen verehrte Rektor[6] begrüßte uns in seinem noblen Zimmer, verwies sogleich auf sein am Kleiderständer auffällig hängendes Volkssturmgewehr und sprach vom heroischen Endkampf, verbunden mit dem Appell, uns sofort als Offiziersanwärter freiwillig zu melden. Über den Volkssturm waren wir mit dem Slogan „Wir alten Affen sind die neuen Waffen" vertraut, und den Appell quittierten wir mit allgemeinem Kopfschütteln. Daraufhin wurden wir rasch entlassen. Bis heute vermag ich dieses Verhalten des hochgebildeten, außerordentlich geschätzten Pädagogen nicht nachzuvollziehen, zumal Mitte Februar 1945 die feindlichen Truppen schon von allen Seiten ins „Reich" eindrangen. Bei Ostwind hörte man bereits den dumpfen Kanonendonner. Ob er damit, wie andere meinen, uns wenigstens vorübergehend vor einer raschen Konfrontation mit den Russen bewahren wollte, bleibt fraglich.

Meine Beurlaubung war freilich von kurzer Dauer, denn ich erhielt Anfang März die Einberufung zum > Wehrwolf <, einer in letzter Not geschaffenen Organisation zu einem perfiden Partisaneneinsatz. Die Folgen einer Verweigerung demonstrierten augenfällig an Laternen oder Ästen aufgeknüpfte Männer mit Schildern „Ich bin ein Feigling" bzw. Deserteur. In diesem Dilemma begann sich der einst bewährte Familienverband aufzulösen. Im großzügig gestalteten Haus der Großeltern wohnten auch meine Eltern mit meiner Schwester und die Tante mit ihrem Ehemann. Die seit langem gepflegten Kontakte aber führten nun zu Konflikten mit gefährlichem Potenzial. Die intelligente Großmutter huldigte seit langem uneingeschränkt dem Führer, unterstützt von ihrem minder begabten Schwiegersohn, der in einer Leipziger Militärschreibstube das Vaterland wortreich verteidigte. So war Vorsicht geboten, wenn wir Feindsender hörten, und mein Entschluss zur Verweigerung barg

---

6 Rudolf Hunger, Rektor der Staatlichen Oberschule für Jungen.

größte Gefahren, da beide Getreuen für notwendig hielten, dass ich dem bedrängten Führer nun als Partisan zum Endsieg verhelfen sollte.

Meine Schwester aber fand eine Möglichkeit, der gefährlichen Situation wenigstens vorübergehend zu entkommen. Sie arbeitete in einem „wehrwirtschaftlich wichtigen Betrieb" und überredete ihren Abteilungsleiter dazu, mich zum Schein anzustellen und meine Unabkömmlichkeit schriftlich zu bestätigen. Um Denunziationen zu entgehen, fuhr ich dreimal in der Woche zur Arbeitsstelle, begleitete meinen Chef zum Postamt über den Umweg zum nahen Bahnhof, weil wir dort von Insassen der Lazarett – Züge genauere Nachrichten erhalten konnten. Offenbar hatte sein Schreiben, das unbeantwortet blieb, geholfen, und so verdanke ich ihm und meiner Schwester das Überleben, zumal die Russen nach Kriegsende alle Wehrwölfe liquidierten.

Das „Deutsche Reich" aber wollte offensichtlich bis zuletzt nicht auf mich verzichten, denn ich erhielt am 28. April – also zehn Tage vor Kriegsende – eine Einberufung zum Dienst im normalen Heer nach Dux im nahen Sudetenland. Russen wie Amerikaner rückten zwar immer näher, aber nicht nah genug, und so fuhr der eben Siebzehnjährige zum letzten Gefecht. In Dux herrschte Frieden und hatte man uns auch nicht erwartet. Wir boten sofort die Rückfahrt an, hatten aber keinen Erfolg. Stattdessen legten wir am 1. Mai feierlich den Eid auf den Führer ab, doch schon am Abend teilte der „Großdeutsche Rundfunk" mit, dass der Führer im Kampf um Berlin den Heldentod gestorben sei. Wir reagierten pietätlos, weil wir damit vom Eid entbunden seien, doch am nächsten Tag wurden wir zur erneuten Eidesleistung kommandiert, auf den Nachfolger Großadmiral Dönitz[7]. Weil die bösen Feinde noch immer ausblieben, übten wir Paradeschritt und Hitlergruß vorbei an einigen verwirrt dreinblickenden Einwohnern. Dann fielen wir Russen in die Hände, die uns mit erbeuteten Zigaretten beschenkten und dann mit der Feststellung „Du Kind domoi" nach Hause schickten. Und diesem Befehl folgte ich gern.

---

7 Karl Dönitz, Großadmiral und zuletzt Nachfolger Hitlers.

1945: „Neuanfang", zweite Diktatur unter Stalin

Mein Bericht darüber besitzt zweifellos stark possenhafte Züge, entspricht aber damit durchaus den vielfach absurden Erfahrungen im chaotisch zu Ende gehenden zweiten Weltkrieg. Ich marschierte durch das Erzgebirge ostwärts und sorgte für Irritationen bei den westwärts strömenden Massen, die sich von den Amerikanern eine menschlichere Behandlung erhofften. Doch auch ich musste erfahren, dass die verbreitete Losung „Genießt den Krieg, der Frieden wird furchtbar" in erschreckender Weise zutraf; kurz vor dem Ziel erfuhr ich, dass unser Dorf von Russen besetzt sei. Deshalb wich ich zu meinem Freund Werner Priebsch ins Nachbardorf aus, der mich sofort unter dem Dach einer verfallenden Scheune versteckte, weil in unmittelbarer Nähe Polen und Russen Jagd auf alle männlichen Wesen machten – für den „Todesmarsch" in ihre verwüstete Heimat. Dort harrte ich aus, bis ein Onkel in „geliehener" Rot-Kreuz-Uniform mich ins Heimatdorf begleitete. Meine Mutter empfing mich mit Freudentränen, weil ein Heimkehrer kurz zuvor meinen Tod gemeldet hatte. Deshalb war sie entschlossen, ihr Leben zu beenden. Die Russen waren noch immer in unserem Haus und hatten ganze Arbeit geleistet. Am meisten schmerzte, dass sie eine vom Urgroßvater hergestellte Standuhr ebenso wie mein Klavier zerschossen hatten. Als ein Offizier meine Enttäuschung bemerkte, versuchte er mit dem Hinweis zu trösten, es sei in einem der Trinkgelage geschehen, die offensichtlich täglich stattfanden. Außerdem lauerten Gefahren, denen man am ehesten durch Unauffälligkeit zu entgehen hoffte.

Doch dies war mir schon bald verwehrt. Ein ehemaliger Schuster und Altkommunist hatte sich selbst zum Bürgermeister ernannt, zitierte mich ins Gemeindeamt und empfing mich mit den Worten: „Genosse Doktor, Du bist eingetragener Antifaschist". Ich war irritiert über den Titel, zumal ich bald wieder zur Schule gehen und mein Abitur ablegen wollte. Außerdem hatte ich keinerlei Vorbehalte gegen Italiener besessen. Doch dann erfuhr ich, dass der Abteilungsleiter meiner Schwester als Altkommunist mit dem Schuster bekannt war und als Kreisschulrat amtierte. Er hatte meine Wehrwolfverweigerung als Widerstandskampf interpretiert und empfahl mich für die Erziehung der heranwachsenden Jugend zum demokratischen Antifaschismus. Daraufhin ernannte der Bürgermeister mich zum Direktor der achtstufigen Volksschule – natürlich ohne Salär – und eröffnete dem Siebzehnjährigen eine Karriere, die zum raschen Aufstieg in die höchste Gesellschaftsschicht des nunmehr klassenlosen Neulands bestimmt war.

Die Dorfbewohner begrüßten die Kinderbetreuung, ließen aber ein gewisses Misstrauen erkennen, weil ich der neuen, selbsternannten und inkompetenten Herrschaft dienstbar war. Man hielt sie zudem für Vaterlandsverräter, die der Annexion des nahen Schlesiens durch Polen zustimmten. Das erregte Gelüste auch bei den Tschechen, deren Grenze nun wieder über das Zittauer Gebirge verlief, doch wie ein Zipfel, auch durch die polnische Annexion verursacht, in das wiedererstandene tschechoslowakische Staatsgebilde hineinragte. Sie forderten eine Begradigung und hätten uns dann ebenso wie die Sudetendeutschen aus der angestammten Heimat vertrieben. Da die neu sich formierenden Liberaldemokraten die Oder – Neiße – Grenze entschieden ablehnten, schloss ich mich ihnen an, gewann damit die Sympathie der Bewohner und verlor den Nimbus des aufrechten Antifaschisten. Auf meine Schulkarriere verzichtete ich mit der Wiedereröffnung der Oberschule am 1. Oktober 1945, traf dort etwas überrascht den alten Rektor wieder und wurde freudig begrüßt von Iwan dem Chemiementor, der zu den wenigen gehörte, die weiterhin lehren durften, neben zahlreichen rasch erworbenen „Neulehrern". Uns begrüßte er deshalb mit einem Vergleich des ehrwürdigen Gymnasiums mit einem Klavierspieler, dem acht Finger durch Prothesen ersetzt worden waren. Nur sein Alter schützte ihn offensichtlich vor der Verhaftung, die meist geheim und immer öfter praktiziert wurde. Auch die meisten Klassenkameraden waren davon bedroht, weil wir das befohlene erotische Verhältnis zu Väterchen Stalin verweigerten und schon Ende 1945 leichtfertig vom „roten Faschismus"[8] sprachen. Falls es nachts

---

8 Die Lobeshymnen auf die neuen Herren erinnerten eklatant an pathetische Poeme, die wir noch kurz zuvor als Hitlerjungen zu hören bekamen.

„Ihr seid viel tausend hinter mir,
Und ihr seid ich und ich bin ihr.
Ich habe keinen Gedanken gelebt,
Der nicht in eurem Herzen gebebt.
Und forme ich Worte, so weiß ich keins,
Das nicht mit eurem Wollen eins.

an der Haustür klopfte, hatte ich mir einen Fluchtweg über das Schuppendach vorbereitet, doch ich blieb bis zum Abitur 1947 verschont, das ich übrigens dank der sowjetischen Besatzungsmacht makellos bestand, weil sie Turnen strikt verboten hatte.

In der unmittelbaren Nachkriegszeit kämpften wir – wie zahlreiche Mitbürger – ums Überleben und nahmen Gesetzesverstöße in Kauf. So erklärten wir u.a. Früchte von Straßenbäumen zum Volkseigentum oder bewahrten Kohlewaggons vor Überlastungen. Noch immer bin ich unserer Großmutter mütterlicherseits dankbar, weil sie von ihrer kargen Lebensmittelration noch einiges an uns abgab.

Zudem partizipierten wir an einer Entlastungspraxis, die kaum noch nachvollziehbar ist. Sie bezog sich auf alle Kulturbereiche und versetzte uns in eine utopische Gegenwelt. Dazu gehörten auch Tanzveranstaltungen, zumal sie in den letzten Kriegsjahren verboten worden waren. Ich übte mich ohne pädagogische Betreuung im Tanzsaal des Dorfgasthofes ein und traf dort eine Gruppe, die sich zu einem privaten Lesezirkel zusammengetan hatte. Als überaus großzügige Gastgeber erwiesen sich zwei Töchter angesehener Landwirte – Erika Scholz und Melitta Stamm. Zusammen mit zwei Architekturstudenten führten sie lebhafte Gespräche

---

Denn ich bin ihr und ihr seid ich,
Und wir alle glauben, Deutschland an dich".
(Baldur von Schirach über den Führer.)

„Du bist das Volk, das schafft,
und Du bist sein Erbeben.
Es gab des Volkes Kraft
Dir Kraft zu Deinem Leben.

Dein Volk hat Dich gesandt,
Es singt zu Deinem Feste,
Der Zukunft zugewandt:
> Du, Deines Volkes Bester! <

Du bist das Volk, das schafft,
Und Du bist sein Erbeben,
Es gab des Volkes Kraft,
Dir Kraft zu Deinem Leben."

(Johannes R. Becher: „Für Wilhelm Pieck")
Baldur von Schirach, NS Reichsjugendführer.
Wilhelm Pieck, Präsident der SBZ und DDR.

über deutsche Literatur, denen der Neuling wertvolle Anregungen verdankte.

Bevorzugt wurden dank Rollenverteilung Dramentexte, und dies geschah nicht ohne Folgen. Nach bestandenem Abitur bedankten wir uns – einer Tradition folgend – mit einer erfolgreichen Aufführung von Goethes > Früher Faust-Fassung < [> Urfaust <], wobei mir freilich nur der bescheidene Part des Famulus Wagner zufiel,

> „ Der immer fort an schaalen Zeuge klebt,
> Mit gierger Hand nach Schätzen gräbt,
> und froh ist wenn er Regenwürmer findet."[9]

Eine Rezension lobte wenigstens meine phonetische Begabung, die offensichtlich lange vorhielt, weil mir Jahrzehnte später ein polnischer Kollege nach einem wissenschaftlichen Vortrag mit den Worten gratulierte: „Du bist immer gut, denn Du bist immer laut."

---

9 Johann Wolfgang Goethe:> Faust. Texte <, Hrsg. von Albrecht Schöne. Frankfurt/Main [4]1999 ff; S. 477.

Flucht in ein freies Studium nach Tübingen

Mit der Mehrzahl der Schüler stimmte ich darin überein, dass ein Studium im stalinistischen Milieu nicht in Frage kam und nur der Westen die Alternative bot. Ich folgte zunächst dem Wunsch meines Vaters, Medizin zu studieren, den er sich nie hatte erfüllen können, und begann ein obligatorisches Praktikum im Zittauer Krankenhaus, das mir eine weitere Misere stalinistischer Herrschaft vor Augen führte.

Der Chefarzt holte mich am ersten Tag sogleich in den Operationssaal; die völlig abgemagerten Patienten litten an Darmverschlingung bzw. -verschluss, drohten aber nach erfolgreichem Eingriff an Fettmangel zu sterben. Meine Beobachterrolle wurde aber abrupt beendet, weil ein Arzt nicht erschienen war. Im Flüsterton erfuhr man, dass auch er sich nach Westberlin abgesetzt habe. Ich musste ihn ersetzen, erhielt zwei Haken, um beide Teile der geöffneten Bauchdecke auseinander zu ziehen, unter Kraftanstrengung im warmen OP – Saal. Außerdem wurde ich zum Zeugen eines Massensterbens von Menschen mit dunkelbrauner Hautverfärbung, die in Viehwagen aus Polen abgeschoben worden waren und ihren unerträglichen Durst durch verschmutztes Oderwasser zu löschen versucht hatten. Als Leichenträger erhielt ich Honorare.

Ein Klassenkamerad fand umgehend einen Studienplatz in Tübingen und sorgte dafür, dass mein Freund Dieter Irmscher und ich nachkommen konnten. Die Russen verweigerten sogen. Interzonenpässe zur Fahrt ins Land des Klassenfeindes, zu denen besonders die Amerikaner zählten, weil sie u.a. über der Sowjetzone Kartoffelkäfer zur Schädigung des sozialistischen Wirtschaftssystems abwarfen. Deshalb musste ich auch öfter Kontrollgänge durch Felder ableisten; einmal mit dem Dorfpastor, der uns sogleich zum Mundraub anleitete.

Mein Freund und ich erhielten die Zulassung zum Studium in Tübingen und suchten nach einem günstigen Fluchtweg. Man riet von der kürzesten Strecke ab und empfahl die grüne Grenze bei Helmstedt. Für diesen Umweg brauchten wir bereits anderthalb Tage, bis wir im „Goldenen Westen" in Braunschweig den D-Zug nach Stuttgart erreichten. Doch der Westen wollte uns nicht. Zwei pflichttreue deutsche Polizisten forderten bei Göttingen eine Einreisegenehmigung aus der englischen in die amerikanische Zone, vermochten mit den Studienzulassungen nichts anzufangen und zwangen uns zur Rückfahrt mit dem Hinweis auf unseren Herkunftsort. Es war ein einfacher Bahnbediensteter, dem dies missfiel, denn er riet zur Benutzung von „Bummelzügen", für deren Kontrolle Polizisten fehlten. So zuckelten wir unbehelligt und oft verängstigt über Frankfurt nach Stuttgart, wo man uns vor der Fahrt in die französische Zone warnte. Wir übernachteten im Wartesaal des Hauptbahnhofes und banden uns angesichts streunender finsterer Gestalten Rucksack und Koffer an die Beine. Fünf Tage nach unserem Aufbruch erreichten wir eine völlig intakte Fachwerkstadt mit einem Ortsschild, das in größeren Lettern sich als > Universitätsstadt < empfahl. Quartier fanden wir nur im Umland, das der Krieg völlig verschont hatte und uns als paradiesisch erschien. Schwierigkeiten gab es zuweilen nur durch den schwäbischen Dialekt. Als meine Wirtin die aus dem Osten mitgebrachte Schuhcreme mit den Worten „ der schmecket aber gut" lobte, erschrak ich heftig, weil ich noch nicht wusste, dass „schmecken" riechen bedeutete.

Mitte April begann das Semester mit kaum zu überbietenden Lehrangeboten in nahezu allen Fakultäten. Da ich mich noch nicht endgültig entschieden hatte, prüfte ich die unterschiedlichen Lehrangebote. Größten Zulauf fanden der katholische Theologe Romano Guardini und der Philosoph Eduard Spranger, dessen klare Argumentation und Vortragskunst faszinierten. Um keine Minute zu verlieren, mussten seine Assistenten vor Beginn der Vorlesung die Tafel mit wichtigen Informationen beschriften. Zudem sprach er völlig frei – nur am Ende zog er ein Zettelchen aus der Tasche, als ob es einer letzten Überprüfung demonstrativ bedürfe. Dass er Polemik nicht scheute, bewies sein wiederholtes Bekenntnis, wonach er nicht zu denen gehöre, die ihre „Urängste in den Äther hinausschrieen". Damit meinte er die Vertreter der modischen Existenzphilosophie. Über seine Berufung nach Tübingen erzählte er schmunzelnd, dass er 1945 sofort zum Rektor der Ostberliner Universität ernannt, bald aber attackiert und abgesetzt worden sei, weil sein Vorschlag einer Umsiedlung der Hochschule nach West-Berlin als Versuch, Zwietracht zwischen den Siegermächten zu säen, ausgelegt wurde. Am schärfsten forderten dies die Franzosen – und boten ihm dann umgehend einen Lehrstuhl in Tübingen an. Ihr Ziel war es, eine Elite-Universität in ihrer Zone zu etablieren, und dies war ihnen schon bald in allen Fakultäten gelungen.

Ich entschied mich für die Germanistik aus beruflichen Gründen und hörte u.a. bei den bekannten Gelehrten Hermann Schneider, Paul Kluckhohn, Friedrich Beißner und Gerhard Fricke[10]. Doch schon nach gut zwei Monaten schwanden abrupt alle Hoffnungen, weil uns die Währungsreform vom gesparten Reichsmarkbetrag nur 60.- neue Deutsche Mark übrig ließ. Die Russen reagierten mit einer eigenen Geldreform in DM-Ost, deren Kurs zwischen 1 zu 5 bis 7 schwankte und meinen Eltern den ohnehin verbotenen Transfer unmöglich machte. Verwandte oder gute Bekannte besaß ich im Westen nicht. Bis zum Semesterende am 31. Juli hielt ich mich noch über Wasser, wobei mich meine Wirtin großzügig unterstützte. Sie war eine gläubige Christin und half völlig uneigennützig. Dann fand ich wenigstens einen Job als Hilfsarbeiter mit einem Lohn von 98 Pfennigen pro Stunde. Das reichte gerade für Miete und Verpflegung. Weil ich mit Hacke und Spaten gut umzugehen vermochte, riet mir der Maurerpolier, auf eine akademische Hungerlaufbahn zu verzichten; er selbst verdiente bereits 350.- DM, eine Summe, die man damals als Reichtum empfand.

Dank der einmaligen Hilfe eines befreundeten Geschäftsmannes und von der französischen Besatzungsmacht gewährter Freitische hielt ich noch zwei Semester durch, auch weil ich in den Semesterferien zu meinen Eltern fuhr und so die Miete sparte. Die Reisen waren zeitraubend und abenteuerlich. Im Osten verkaufte man Fahrkarten nur bis zur Zonengrenze, verbot aber zugleich die Mitnahme von Westgeld. Diese Willkür weckte kriminelle Instinkte. Für eine Urlaubsverlängerung nutzte ich frisch gekochte Eier, um damit Stempelabdrücke auf offizielle Dokumente zu übertragen.

Joachim Renger, mit dem ich schon seit den Volksschuljahren verbunden war, erlöste mich aus der schier ausweglosen Lage. Er studierte in Westberlin und informierte mich über die Vergabe von Währungsstipendien an Ostzonenbewohner, die eine Fortsetzung des Studiums an der Freien Universität ermöglichten[11]. Ich folgte diesem rettenden Angebot

---

10 Romano Guardini, Prof. für katholische Theologie.
   Eduard Spranger, Prof. für Philosophie und Psychologie.
   Hermann Schneider, Paul Kluckohn, Friedrich Beißner,
   Gerhard Fricke, Prof.es für deutsche Philologie.
11 Joachim Renger, Dr. rer.pol.

und verabschiedete mich u.a. vom Dorfpastor, der mich eindringlich warnte:

"Bedenke Sie, Berlin ist ein Sündenbabel." Mit einer gewissen Wehmut, doch ohne moralische Skrupel ließ ich die schwäbisch-heile Welt hinter mir, im Frühjahr 1950.

1950 – 1970: Studium und Karriere in bedrohtem Umfeld, Freie Universität Berlin

Nun startete ich zum dritten Mal nach Berlin, in eine Stadt, die sich wiederum entschieden verändert hatte. Sie war geteilt, in einen Ostsektor und drei Westsektoren. Der Bahnverkehr stand außer der U-Bahn unter der Hoheit der Ost-Reichsbahn, so dass in allen Westsektoren deren Polizei nicht die Bahnsteige betreten durfte. Wer sich missliebig – etwa durch „Republikflucht" – gemacht hatte, tat gut, auf die S-Bahn ganz zu verzichten und ohnehin den Ostteil zu meiden. Ihn tauften die Kommunisten provozierend in „Demokratischen Sektor" und später in „Hauptstadt der DDR" um, ohne dass die westlichen Schutzmächte gegen diesen Bruch des Berlin-Status eingriffen. Sie hatten freilich während der Blockade, nicht zuletzt dank des Freiheitswillens der Bevölkerung von Westberlin, den sowjetischen Zugriff abgewehrt und damit das Prestige des Westens auf Dauer gestärkt. Das führte zu einer faszinierenden Verbundenheit aller sozialen Schichten, zumal permanente Schikanen und ernsthafte Drohungen sich fortsetzten.

Die Politik mit globalen Dimensionen dominierte also das Leben insgesamt und war auch Ursache für die Gründung einer Universität mit dem Epitheton „Frei". Nicht nur im Osten, sondern auch im Westen hielt man diesen Vorgang für eine aberwitzige Totgeburt, weil fundamentale Voraussetzungen fehlten. Ein großzügiger Gebäudekomplex und eine reich bestückte Staats- bzw. Universitätsbibliothek lagen im Ostsektor. Dort wirkten altbewährte Gelehrte; einer von ihnen sprach spöttisch vom „Gymnasium, das Wissenschaft spiele" und kommentierte zutreffend die Schwächen der „Neugründung auf grüner Wiese". Dass sie freilich rasch erblühte, resultierte ironischer Weise aus Fehlleistungen des marxistischen Umlandes der SBZ (Sowjetische Besatzungszone) und sodann der DDR. Sie forcierten den Zustrom von Studierwilligen und vertrieben mehr und mehr profilierte Gelehrte. Für die Amerikaner war dies Anstoß genug, das Bollwerk der wissenschaftlichen Freiheit tatkräftig, und d.h. vor allem finanziell zu unterstützen.

Ungeachtet der rasch vorangetriebenen Entwicklung stieß ich im April 1950 noch allenthalben auf Spuren des gewagten Experiments. Größere Vorlesungen fanden vorwiegend in Kinos in unterschiedlichen

Entfernungen statt, und viele Seminare litten unter der Enge notdürftig erstellter Räume. Dank der Henry-Ford-Stiftung (Abb. 4 und 5, S. 109) aber änderte sich das rasch; sie ermöglichte Einladungen von Koryphäen als Gastprofessoren aus aller Welt und Ausstattungen von Lehrstühlen, die zunehmend angesehene Gelehrte anlockten. Dass sich anfangs darunter auch NS-Belastete befanden, lag nicht zuletzt am Drängen von Kriegsheimkehrern, die ihre verlorenen Jahre so rasch wie möglich zu kompensieren entschlossen waren.

Besonders beeindruckt war ich wiederum von einem Vertreter der Philosophie, Hans Leisegang, der im NS-Regime Widerstand geleistet hatte und 1945 nach Jena berufen wurde. Als er Karl Marx kritisch analysierte und Kommunisten attackierte, musste er vor einer Verhaftung nach Westberlin flüchten. Weil ihm hier ein ernsthafter Widerpart fehlte, polemisierte er heftig gegen Christen der beiden großen Konfessionen, aber auch weiterhin fragwürdige bis banale Auslassungen von Marx und Engels. Seine umfassenden Kenntnisse waren bewundernswert, spielte er aber auch gegen seine Hörer aus. Wie Spranger fragte er uns öfter, welche Zeit wir für Nachtschlaf verwendeten, die er stets für zu lang befand und deshalb uns alle Chancen für einen erfolgreichen Beruf absprach. Sein Hauptwerk > Denkformen < nutzte ich für meine Dissertation.

In der Germanistik hörte ich regelmäßig Vorlesungen von Hermann Kunisch sowie den Verfassern der großen deutschen Literaturgeschichte Helmut de Boor und Richard Newald. de Boor überließ mir für die Examina die Korrekturfahnen seines überaus gelungenen Bandes zur Literatur des Mittelalters und bat mich um Mitarbeit an der Neuauflage des Barockbandes nach dem plötzlichen Tod Newalds. Das geschah kurz nach meiner Promotion 1953.

Das Friedrich Meineke-Institut gewann zunehmend renommierte Historiker, die sich auch intensiv Themen des zwanzigsten Jahrhunderts zuwendeten, darunter Hans Herzfeld mit einer > Weltgeschichte < (1968). Dass man auch den Nationalsozialismus aufzuarbeiten begann, bewies der Bestseller Walther Hofers mit einem bis heute informativen Dokumentenband. In diesem Zusammenhang kam es auch nach Erscheinen von Thomas Manns > Doktor Faustus < (1947) zu Diskussionen, dessen ambivalenter Deutungshorizont zunächst Kritik auslöste und dann zunehmend Anerkennung fand. Mit ihm beschäftigten sich intensiv vor allem Studenten, darunter ein Kommilitone, den der Autor sogar zu einem Gespräch empfing. Schließlich sei noch der Zeitungswissenschaftler Emil Dovifat erwähnt, dessen Vorlesungen Hörer aller Fakultäten regelmäßig begeistert besuchten. Er war Mitbegründer der CDU und der FU, hatte freilich auch wie weitere Kollegen der NS-Propaganda gedient. Ein Zwischenrufer sorgte einmal für Irritation durch das Zitat: „Der wahre Frontbericht ist ein Feuergetaufter", der aus einer seiner Publikationen aus brauner Zeit stammte. Doch dies war damals eine Ausnahme.[12]

Ich stand von vornherein unter Zeitdruck. Weil meine sporadischen Studien in Tübingen voll auf das Währungsstipendium angerechnet wurden, obwohl ich keine Unterstützung erhalten hatte, standen mir nur noch sechs normale Studiensemester zur Verfügung. Für das Stipendium musste man am Ende jeden Semesters eine recht aufwendige Fleißprüfung ablegen. Wenn man sie nicht schaffte, drohte das Ende des Studiums und noch schlimmer der Entzug der Aufenthaltsgenehmigung für Berlin. Danach wäre man als Arbeitsloser sofort in ein Aufnahmelager der Bundesrepublik ausgeflogen worden ohne eine Zukunftsperspektive. Dagegen half nur ein permanenter Arbeitsfuror, der sich für mich noch dadurch verstärkte, dass ich Staats- und Doktorprüfung gleichzeitig ablegen musste. Eine erstaunlich gut ausgestattete Institutsbibliothek- nicht zuletzt dank günstiger Einkäufe im roten Umland- wurde von nun an bis zweiundzwanzig Uhr mein neuer Wohnsitz, um im Winter nicht zu erfrieren. In meiner „Bude" blieb der Kachelofen unbenutzt, und im harten Winter froren meine wenigen Vorräte.

Meinen Platz in der Bibliothek (Abb. 6, S. 110) markierte ein Sitzkissen, das belustigte Aufmerksamkeit erregte und zugleich als Symbol großen Fleißes mein Ansehen hob. Auch deshalb fand ich Aufnahme in ein fortgeschrittenes Seminar mit der Auflage, in den Semesterferien ein führendes Referat über das ausufernde Thema zur Biedermeierliteratur insgesamt vorzubereiten. Ein Kommilitone unterstützte die Sisyphus-Arbeit.

---

12 Hans Leisegang, Prof. für Philosophie.
Hermann, Kunisch Prof. für deutsche Philologie.
Helmut de Boor, Prof. für deutsche Philologie.
Richard Newald, Prof. für deutsche Philologie.
Helmut de Boor und Richard Newald:> Geschichte der deutschen Literatur von den Anfängen bis zur Gegenwart <. Bd. 5, München 1957. ff.
Hans Herzfeld, Walther Hofer [Anm. 3] Prof.es für Geschichtswissenschaft.
Emil Dovifat, Prof. für Zeitungswissenschaft.

Um Materialmassen zu bewältigen, beschrifteten wir zwei Tafeln mit Tabellen, was der feingeistige Professor mit der Bemerkung, dass wir wohl die schöne Literatur in ein mathematisches Korsett zwingen wollten, kommentierte. Seine Zwischenfragen aber ließen bald erkennen, dass wir offensichtlich über den komplexen Forschungsstand besser Bescheid wussten – mit der Konsequenz, dass er uns die Leitung weiterer Sitzungen überließ. Weil sich dies rasch herumsprach, ermutigte man mich zur Doktorarbeit. Als Thema wählte ich die Gedankenwelt des Johann Georg Hamann, mit dem Beinamen des Magus aus Norden ein Außenseiter im Zeitalter der Aufklärung. Sie wurde rechtzeitig fertig, umfasste freilich nur einhundertundelf Schreibmaschinenseiten. Mein Doktorvater Richard Newald unterstützte mich großzügig und bewertete die recht lapidare Arbeit mit „ opus eximium". Weil Hamann in Ostpreußen gelebt hatte, bot mir deren Landsmannschaft die Publikation im Rahmen ihrer Schriftenreihe an; ich lehnte wegen ihrer nationalistischen Tendenz ab, zumal ich weiterhin in und durch die DDR zu reisen vorhatte.

Nach meinen frühen Erfahrungen war ich entschlossen, mich der Politik zu entziehen, was sich in einem Brennpunkt von Spannungen natürlich als Illusion erwies. Regelmäßig tauchten an der Uni marxistische Agitatoren der FDJ („Freie Deutsche Jugend") auf, deren Sprüche platt und verlogen waren. Die SED unter dem verhassten Ulbricht veranstaltete Sommer 1951 im Ostsektor das Spektakel der Weltjugendfestspiele, deren Abschluss ein Aufmarsch von mehr als einer Million Blauhemden bildete, um die Überlegenheit gegenüber dem maroden Kapitalismus zu demonstrieren. Ein Besuch der Westsektoren wurde streng untersagt, und am Folgetag sollte man in den zumeist primitiven Unterkünften ausruhen.

Wie an jedem Morgen brach ich in die Uni auf, um per S-Bahn pünktlich meinen Sitz im Lesesaal zu erreichen. Doch schon in der Vorhalle der Westberliner Station > Feuerbachstraße < stauten sich Massen von Blauhemden. Sie waren allen Warnungen zum Trotz den Lockungen der bösen Kapitalisten erlegen, zumal freier Eintritt zu sämtlichen öffentlichen Veranstaltungen bestand. Schon mittags belief sich die Zahl der „Verführten" auf knapp eine Million mit dem Wunsch nach einem ausführlichen Besuch, den die Westberliner in jeder Hinsicht unterstützten. Sie sollten gut verpflegt werden, und so bat eine überlastete studentische Gemeinschaft um meine Hilfe beim Streichen von Butterbrötchen und Ausschank des viel begehrten Kakaos. Ulbricht sprach vom großen Erfolg des Festes und fand erstmals damit Zustimmung bei den gewitzten Westberlinern.

Der Osten verstärkte danach die Kontrollen und schmähte über alle Kanäle die imperialistischen Machenschaften des amerikanisch gesteuerten Agentennests Westberlin. Das hinderte uns nicht daran, billige Bücher im Ostsektor zu kaufen, neben den wenigen Waren, die zu erwerben sich lohnten. Da ich täglich nur 1.50 DM zur Verfügung hatte, besorgte ich mir unter Ausnutzung des günstigen Wechselkurses zuweilen Kunsthonig. An den Sektorengrenzen musste man freilich mit willkürlichen Kontrollen rechnen. Um die Polizisten freundlich zu stimmen, nahm ich eine der stereotypen Ost-Tageszeitungen mit; und dies klappte immer.

Unterbrochen wurde meine Examensvorbereitung durch ein Ereignis, das völlig überraschte. Am 16. Juni 1953 hörte ich von Arbeitsniederlegungen an der Stalin-Allee und Aufrufe zum Generalstreik für den nächsten Tag, und damit von Vorgängen, die aus sozialistischer Sicht Konterrevolution bedeuteten. Am 17. Juni teilte mir ein Freund mit, dass er im Osten Tausende von Protestierenden angetroffen habe, die rote Fahnen und Transparente verbrannten, Funktionäre jagten, den Sturz Ulbrichts[13] und freie Wahlen forderten. Dass inzwischen sowjetische Panzer Schüsse abfeuerten, erfuhr ich später. Einen Volksaufstand in unmittelbarer Nähe ließ ich mir dann doch nicht entgehen. Ich überquerte einen Grenzübergang, sah noch fliehende Menschengruppen und erfuhr erst spät, dass Sperrungen eine Rückkehr in den Westen verhinderten. Damit sollten – nach kommunistischer Lesart – die faschistischen Rädelsführer gefasst und bestraft werden. Nach längerer Suche fand ich noch ein Schlupfloch und entging so der brutal ausgeübten Rache. Professor de Boor war bereit, mich in der Mediävistik zu prüfen, hatte mit Blick in die Bibliothek festgestellt, dass ich dort fehlte, um dem politischen Spektakel beizuwohnen, und ermahnte mich wenig später recht ernstlich. Seiner Meinung nach duldete eine wissenschaftliche Arbeit keinerlei Ablenkung, und er verzichtete deshalb auf Rundfunk und Zeitung. Dank dieser Enthaltung konnte er schon bald eine umfangreiche Literaturgeschichte vollenden, die noch heute Anerkennung findet. Mir gelang es dann doch auch, im Dezember desselben Jahres die Doktorprüfung mit „summa cum laude" zu bestehen. Prof. de Boor stellte mir eine Assistentenstelle in Aussicht.

---

13 Walter Ulbricht, Staatsratsvorsitzender der DDR.

Da sie noch besetzt war, bezog ich einige Wochen Sozialhilfe, unterbrochen von der Teilnahme an einem internationalen Ferienkurs in Göttingen.

Die Freie Universität entsandte zwei ältere Kommilitonen zur Betreuung der Ausländer, eine Studentin und mich (Abb. 7, S. 110). Wir leiteten Diskussionen, begleiteten Exkursionen und feierten am Abend in der einzigen Bar. Ein Vorfall sorgte für beschämende Überraschung. Als um Mitternacht der Wirt das Radio anschaltete, erklang das Deutschlandlied. Sofort erhoben sich Engländer und Franzosen, denen wir zögernd folgten. Den Ausländern erschien unser Verhalten unverständlich. Dass es freilich 1954 noch hinreichende Vorbehalte gab, gestand uns ein dänisches Paar. Sie waren gegen den Willen ihrer Eltern nach Deutschland gereist und wären gern geblieben – doch ihre Eltern wollten sie darin nicht unterstützen. Ich verhandelte mit Killy, der sogleich ein Stipendium besorgte. Dafür revanchierten sich unsere Gäste mit einer generösen Einladung in ihrer beider Familien, die uns offensichtlich akzeptierten. Bis in jüngste Zeit stehen wir mit Poul Husum in freundschaftlicher Verbindung, der den Ausbau kultureller Beziehungen intensiv pflegt.

Als Assistent verdiente ich reichlich wenig, lernte aber zahlreiche Wissenschaftler kennen, auch Ausländer, die lukrativen Einladungen zu Vorlesungen oder Seminaren gern folgten. Noch wichtiger war, dass mehr und mehr profilierte Wissenschaftler Rufe an die stark expandierende FU annahmen. Eine „verbeamtete Privatdozentur" erhielt der junge Walther Killy[14], dessen Agilität für frischen Wind sorgte. Obwohl die Universitätsverfassung dank breiter Mitbestimmungsrechte eine Vorreiterrolle besaß, blieben konservative Traditionen lange wirksam Der Literaturkanon für den Lehrbetrieb endete im späten 19. Jahrhundert und bezog die Sprachgeschichte sowie Texte des Mittelalters ein. Killy aber setzte sich intensiv mit dem Expressionismus und v.a. Trakl[15] auseinander, dessen Werke er zu edieren begann. Eine Veranstaltung dazu am späten Nachmittag wurde – unter Anspielung auf Georg Heym[16] – als „Killys Heimabend" verspottet, und Interpretationen von Dichtungen Thomas Manns galten unter textkritischen Aspekten und weil er noch lebte als unseriös.

---

14 Walther Killy, Prof. für deutsche Philologie.
15 Georg Trakl, Dichter des Expressionismus.
16 Georg Heym, Dichter des Expressionismus.

Den mageren Arbeitslohn musste Killy mit einem Nebenjob aufbessern, den ihm der neu gegründete SFB (Sender Freies Berlin) anbot. Er übernahm die Leitung des Literarischen Nachtprogramms und warb Mitarbeiter an, darunter auch mich. Weil ich gerade über Faust-Dichtungen vor Goethe arbeitete, erwartete er von mir rasch ein Skript zu diesem Thema in Gestalt von längeren Zitaten und kurzen Kommentaren. Es wurde sogleich gesendet und umgehend honoriert. Die Anweisung offerierte für 40 Minuten ein Honorar von 600.- DM, was ich für einen Irrtum hielt, doch Killy als angemessen ansah. Nach zwei Monaten erhielt ich eine weitere Anweisung über 300.- DM und fand damit meinen Verdacht eines Versehens bestätigt, den Killy sofort zerstreute. Weil mein Beitrag Anklang gefunden habe, sei er wiederholt worden; dafür stehe mir die Hälfte des ursprünglichen Honorars zu. Ein Text, für den ich fünf Tage geschrieben hatte, brachte mir also 900.- DM ein, und das entsprach knapp drei Monatslöhnen, die ich als wissenschaftlicher Assistent verdiente. Die Versuchung eines Berufswechsels war groß: dennoch entschied ich mich für den viel aufwendigeren Dienst in der Uni und lieferte nebenher „Futter" für den Rundfunk. Da ich auch als Sprecher angefordert wurde, lernte ich bekannte Schauspieler kennen, die Fachwissen abfragten und oft genug durch komödiantische Marotten die Techniker nervten Nun erfüllte ich mir auch einen Kindheitstraum; ich erwarb den Führerschein und einen VW Käfer mit Schiebedach für knapp über 5000.- DM. Von meinen Professoren besaß nur einer ein Auto, mein neuer Chef Richard Alewyn[17], vor dessen Fahrstil man mich gewarnt hatte. Er befragte mich über die Fahrprüfung und zeigte sich konsterniert, dass man von mir etwas über Zündkerzen hatte wissen wollen: Um essen zu können, so seine ernsthafte Erwiderung, brauchte man doch auch nicht das Verdauungssystem zu studieren! Dass der prominente Gelehrte des öfteren für Überraschung sorgte, bewies seine Verärgerung über eine von mir begangene Nachlässigkeit, weil ich einen Brief aus der Universität in Berlin-Dahlem nach Berlin-Schlachtensee nicht per Luftpost aufgegeben hatte. Meinen Aufklärungsversuch fand er offensichtlich verwirrend aber nicht einsehbar.

Für den Autokauf gab es auch politische Motive, hoffte ich doch, bei einer ernsthaften Bedrohung Westberlins noch westwärts zu entkommen.

---

17 Richard Alewyn, Prof. für deutsche Philologie.

Eine persönliche Erfahrung verstärkte derartige Ängste. Nach einer feuchtfröhlichen Feier mit Freunden erreichte ich noch die letzte S-Bahn, bemerkte leider zu spät, dass ich die falsche Richtung gewählt hatte mit Endstation in der DDR. Da man dafür neuerdings ein Visum brauchte, wurde ich in einer Wache der „Volkspolizei" zwölf Stunden festgehalten. Den Grund erfuhr ich von einem martialisch anmutenden Hauptmann in einem scharfen Verhör. Er hielt mich für einen von den Amerikanern gesteuerten Agenten und schloss aus meinem Geburtsort im Osten auf Republikflucht. Erschwerend wirkte zudem die Zugehörigkeit zur antikommunistischen FU. Gegen derartige Einschüchterungsversuche half nur entschiedenes Auftreten. Die Frage ob er wirklich glaube, dass sich Agenten ohne jede Tarnung des öffentlichen Verkehrsnetzes bedienten, ließ er unbeantwortet, und meine Erklärung, ich hätte mich an zwei Ostuniversitäten beworben und trotz 1,0 im Abitur Ablehnungen erhalten, brachte ihn sichtlich in Verlegenheit. Danach wurde ich, bewacht von zwei Polizisten, in den Zug nach Westberlin abgeschoben. Meine Vermieterin vermutete eine Entführung und wollte die Polizei benachrichtigen, als ich hungrig und übermüdet bei ihr eintraf.

Weil zunehmend Flüchtlinge die DDR über Westberlin verließen, drohten die Kommunisten mit massiven Maßnahmen. Im November 1956 bot sich ihnen die Chance einer endgültigen Bereinigung des Störfaktors Westberlin inmitten der souverän sich präsentierenden DDR. Sie betraf den Ungarn-Aufstand, der unter Bruch von Versprechungen durch die Sowjetarmee niedergeschlagen wurde. Die Bewohner der Westsektoren bekundeten durch Kerzen in den Fenstern ihre Sympathie für die Unterjochten und erwarteten eine deutliche Reaktion des Westlichen Lagers, zumal „Radio Freies Europa" die Ungarn zum Widerstand ermutigt hatte. Der Senat rief deshalb zu einer Protestkundgebung vor dem Schöneberger Rathaus auf, zu der sich mehr als eine halbe Million versammelt hatte, und war völlig überfordert, weil die Menschenmassen auch England und Frankreich lautstark verurteilten. Denn beide missbrauchten die Situation für eine gewaltsame Eroberung des Suezkanals. Man fürchtete, dass sich ein derart schäbiger Verrat auch in Deutschland wiederholen könne.

Die Kundgebung lief völlig aus dem Ruder. Übergriffe richteten sich nun auch gegen Fahrzeuge der beiden Schutzmächte, und eine Marschkolonne wollte sich amerikanischer Panzer bedienen, um durch das Brandenburger Tor ostwärts zu stürmen. Ich war mit meiner Bekannten

Augenzeuge dieser Vorgänge; wir begriffen rasch ihre Brisanz und konnten uns nur schwer von den erhitzten Protestlern absetzen. Dass wir nicht Unrecht hatten, verriet u.a. der Rias Berlin mit nachdrücklichen, wiederholten Warnungen und Beschwörungen von Ruhe und Ordnung. Ein Eingreifen der Russen, deren Panzer anrollten, stand unmittelbar bevor; sie konnten sich auf den Viermächte-Status berufen mit dem Hinweis, dass die westlichen Schutzmächte nicht mehr Herr der Lage wären und sowjetischer Hilfe bedürften.

Davor bewahrte uns Willy Brandt. Er hatte sich als Parlamentspräsident an die Spitze der zum Brandenburger Tor drängenden Massen gesetzt, per Megaphon ihre Parolen aufgegriffen, aber sie im Dunkel der neblig-kalten Novembernacht vom Zielort abgelenkt und die ermüdenden Marschierer nach Absingen des Deutschlandliedes am Denkmal für die Opfer des Stalinismus verabschiedet. Etwa 5000 hatten sich jedoch nicht täuschen lassen und das Tor erreicht, wo sie Steine gegen Wasserwerfer der DDR schleuderten, bis Militärpolizei sie zurückdrängte.

Ein führendes Parlamentsmitglied der Stadt berichtete mir kurz danach von Verwirrung und Ängsten des Westberliner Senats ebenso wie von ihrer Dankbarkeit gegenüber Brandt[18]. Er stieg zum Regierenden Bürgermeister auf, folgte der Tradition Ernst Reuters[19], dessen Appelle während der Blockade die Politik der Folgezeit entscheidend beeinflusst hatten, und gewann die Wahlen mit großer Mehrheit. Er wurde zum Hoffnungsträger, weil Chruschtschow[20] eine Dreiteilung Deutschlands mit der „Freien Stadt Westberlin" vehement vorantrieb mit dem deutlichen Ziel einer Vereinnahmung auch dieses Teils der Stadt. Deren Bewohner bekamen die Schikanen sogleich zu spüren, weil sie in Passierscheine und Transitvisen als Staatsbürgerschaft statt bislang deutsch „Freie Stadt Berlin" eintragen mussten. Proteste der Westmächte blieben halbherzig, deshalb wirkungslos. Ein guter Freund mit politischen Verbindungen, der nach Köln gezogen war, riet uns, in die Bundesrepublik über zu wechseln, weil recht provisorische Vereinbarungen zwischen den Westalliierten und Russen hinsichtlich des Zugangs nach Berlin nur noch bis 1970 gelten sollten.

---

18 Willy Brandt, Regierender Bürgermeister von Berlin.
19 Ernst Reuter, Regierender Bürgermeister von Berlin.
20 Nikita Chruschtschow, Vorsitzender des Ministerrates der SU.

Der Rat war einsichtig, aber wie sollte er umgesetzt werden? Überaus mühselig hatte ich eine feste Anstellung geschafft, die an Berlin gebunden war und meinen Wünschen durchaus entsprach. Weitere Verpflichtungen und nicht zuletzt ein wachsender Freundeskreis sprachen für den Verbleib in einer Stadt, die dank ihrer Lebendigkeit mir ans Herz gewachsen war. Meine Nebentätigkeit erweiterte sich. Man offerierte mir die Stelle eines Vertrauensdozenten im evangelischen Studentenwohnheim in der Nähe zu meinem Arbeitsplatz, weil ich angesichts der vehement wachsenden Zahl von Germanisten mit deren Betreuung vertraut war.

Die Atmosphäre im Heim überraschte mich einigermaßen. Weil Personen beiderlei Geschlechts – wenn auch auf getrennten Fluren und kontrollierender Zwischenbeleuchtung darin wohnten, existierte ein strenges Reglement –, das Besuche nach zehn Uhr im jeweiligen Genus-Trakt verbot. Bei Verstößen drohten Kündigungen. Die inquisitorischen Methoden selbsternannter Tugendwächter wirkten abstoßend und trieben offensichtlich eine schwangere Studentin in den Selbstmord. In einem anderen Fall konnte ich wenigstens rigide Strafmaßnahmen gegen einen genetisch geprägten Homosexuellen verhindern. Für ein christliches Wohnheim fand ich dies problematisch, doch der Geist der Zeit erwies sich als übermächtig. Die NS-Vergangenheit bedurfte einer sorgfältigen Analyse. Da sie weitgehend fehlte, behalf man sich mit simplen Erklärungen. Gegen die umfassende Schuld der Deutschen, der sogen. Kollektivschuld, bedurfte es einer „moralischen Wiederaufrüstung", mit der die Dominanz böser Triebhaftigkeit über alle Vernunft rückgängig gemacht werden sollte. Davon profitierten entschieden die Kirchen beider Konfessionen.

Eine gravierende Erweiterung meines Tätigkeitsbereiches erfolgte schon bald danach. Die Germanistik mutierte rasch zu einem Massenfach; das erhöhte die Zahl der Professorenstellen mit entsprechenden Ausstattungen und trieb den Verwaltungsaufwand automatisch voran. Der regelmäßige Wechsel von geschäftsführenden Direktoren erwies sich deshalb als ineffizient mit der Folge, dass ein zentraler Posten installiert wurde. Die Entscheidung fiel auf mich. Man verwandelte meine Assistentenstelle in die eines Oberassistenten, unter Beibehaltung seiner Lehrtätigkeit und möglicher Forschungsarbeit. Dadurch entfiel die Begrenzung auf sechs Jahre – nur der Konvent der Fakultät hätte mir kündigen können. Das Amt des „geschäftsführenden Direktors" blieb offiziell weiter bestehen, wurde aber recht unterschiedlich wahrgenommen. Einer der Älteren übte es streng aus und kontrollierte meine Pünktlichkeit. Dass Jüngere an der zusätzlichen Pflicht nicht eben Gefallen fanden, machte eine witzige Bemerkung des eben inthronisierten Machthabers evident: „Sie wissen ja hier am besten Bescheid, doch ich bitte, mich rechtzeitig darüber zu informieren, was ich beschlossen habe." Diese lockere Rede entsprach weitgehend den Umgangsformen im Institut; einige beherrschten die Kunst des Schüttelreimens perfekt, und regelmäßige Gelage belebten den Betrieb. Wenn bei diesen Treffen wieder einmal etwas aus dem Ruder gelaufen war, musste ich helfend vermitteln. Das verschaffte mir den Beinamen des „Seelenpflegels". Ganz gefahrlos verliefen freilich meine diplomatischen Missionen nicht immer, deshalb bat ich die Chefsekretärin, mich laufend mit dem neuesten Klatsch zu versorgen. Im Fall einer recht fragwürdigen Liaison geriet ich einmal in gefährliches Fahrwasser.

Meinem Aufenthalt im Wohnheim verdanke ich ein privates Glück, das seit mehr als einem halben Jahrhundert anhält. Eine attraktive Studentin (Abb. 8, S. 111) wurde allseits umworben, hielt jedoch stets auf Distanz, die sich auch ihrer Außenseiterrolle verdankte. Sie studierte Meteorologie und damit ein Fach, das damals als Domäne der Männer galt. Deren Witzeleien über „Wetterpropheten" vermochte sie geschickt abzuwehren, zumal sie über ein beachtenswertes Wissen verfügte. Ihr Lehrer war eine international anerkannte Koryphäe in einem Institut mit größtem Bekanntheitsgrad. Die Nachrichten der Berliner Sender endeten stets mit dem Wetterbericht des Instituts, das man oft genug als Synonym für die Freie Universität überhaupt verstand. Ein aus Bonn berufener Germanist zeigte sich einigermaßen irritiert, weil beim Umzug Packer angesichts der Büchermassen erstaunt meinten, dass sie alle vom Wetter handelten.

Achtung erwarb die vielseitig arbeitende Bewohnerin auch dank ihres sozialen Engagements, das sich in ihrer Wahl zur Vertrauensstudentin mit mehrfachen Verlängerungen eindrucksvoll bewährte. Weil sie selbst aus der DDR geflüchtet war, betreute sie zudem – natürlich unentgeltlich – Kinder im überfüllten Flüchtlingslager Tempelhof mit DDR-Exilanten.

In der gemeinsamen Heimküche konnte ich beobachten, dass sie ein asketisches Leben führte und nicht einmal ordentlichen Kaffee trank. Weil sie als „Republikflüchtige" nicht in die Sowjetzone reisen durfte, lud ich sie Weihnachten zum Essen in ein passables Restaurant ein. Dabei erfuhr ich, dass die Dreiundzwanzigjährige noch niemals öffentlich gespeist hatte und wegen des teuren Lehrmaterials auch in der Mensa eisern zu sparen gezwungen war. Mühsam gelang es mir, ihr wenigstens eine Suppe mit Ei zu spendieren. Als ich vorschlug mit mir einen Volkswagen auszusuchen, hielt sie dies angesichts meiner nicht eben luxuriösen Kleidung für einen Jux, dem sie gern beiwohnte. Nach kurzer Besichtigung betraten wir den Autosalon, besonders peinlich fand sie sodann, dass sie die Farbe auswählen sollte und damit zum Opfer einer Maskerade werden würde, die zur Hochstapelei mutierte, weil ich Barzahlung anbot. Da sie meine Nebenverdienste nicht kannte, verließ sie mit Schrecken das noble Autohaus. Die erste Fahrt unternahm ich mit ihr beim Abholen des VWs, über dessen technische Ausstattung sie bestens informiert war. Ich drängte sie zur Fahrprüfung und schlug ihr eine gemeinsame Reise nach Italien vor. Damit verstieß ich gegen alle guten Sitten des damaligen gesellschaftlichen Umgangs und mehr noch gegen die des christlichen Wohnheimes. Doch sie sagte zu und studierte intensiv den Reiseführer (Abb. 8, S. 111).

Innerhalb von vier Wochen wollten wir durch die Schweiz, über die Serpentinen des Gotthartpasses, nach Rom, schließlich bis Paestum und wieder zurück nach Berlin. Schon in der Lombardei, bei rascher Durchfahrt durch Städte wie Mailand, Siena und Pisa, zwang uns der kulturelle Reichtum zur Korrektur, und wir nahmen Rom als Zielort ins Visier. Dort gestaltete sich die adhoc-Quartiersuche etwas schwierig. Noch problematischer erwies sich unsere Planung der täglichen Besichtigungen, da angesichts hoher Temperaturen eine Siesta unumgänglich wurde. Wenigstens dem klassischen Altertum und Michelangelos[21] Schöpfungen galt sodann unsere Aufmerksamkeit. Warnungen von Bekannten vor der Diebesnatur der Italiener schienen ungerechtfertigt, sollten sich aber kurz darauf bestätigen. Ein Klappfenster unseres Autos wurde aufgebrochen, doch es fehlte nichts. Als ich es kurz in einer Werkstatt vorgeführt hatte, gab es keine Beanstandungen, bis es plötzlich vorher voll getankt, stehen blieb. Der Tank war leer.

---

21 Michelangelo (Buonarotti) italienischer Bildhauer, Maler, Baumeister und Dichter der Renaissance.

Wir genossen trotzdem jede Minute der wenigen Tage, und stolz beherrschte ich den römischen Fahrstil im Sinne der stärkeren Nerven, den ich noch im Voralpengebiet praktizierte. Aber dort herrschte Ordnung, und ich zahlte mein erstes Strafmandat. Das störte nicht das wunderbare Reiseerlebnis, nach dem uns eine Trennung unerträglich erschien. Der Wunsch nach Heirat zwang uns zur nicht eben einfachen Wohnungssuche, doch sie gelang überraschend schnell, weil unsere Freundin Bettina Kirschstein eine Anzeige mit dem Stichwort „Akademiker-Ehepaar" aufgegeben hatte – und das half im vornehmen Dahlem. Die aus dem Gastgewerbe stammende Wirtin verwies stolz auf ein Oberbaumeister- wie auch Oberregierungsrat-Ehepaar im Ruhestand und beherbergte im Keller der Villa einen Ingenieur, dem sie öfter zwei Frühstücksgedecke offerierte. Der Umgangston und die Nähe zur Universität wie zum Grunewald ließen uns rasch heimisch werden, bis die Geburt von Zwillingen zu einem erneuten Umzug nötigte.

Ihre Taufe gestaltete sich schwierig, hatten wir doch bislang auf eine kirchliche Trauung aus Rücksicht auf die eben in den Westen geflohenen Schwiegereltern verzichten müssen. Da sie auf dem Transit durch die DDR verhaftet worden wären, hätten sie einfliegen müssen, und das verboten die hohen Flugpreise. Die Kirche aber machte die Trauung zur Bedingung für die Kindstaufen – wir vollzogen sie, während die beiden Täuflinge in der Sakristei warteten. Für den Pastor der Dahlemer Dorfkirche aber war dies offensichtlich eine Zumutung, und er rächte sich mit einer penetrant missionarischen Predigt. Sein Vorgänger war freilich wegen Ehebruchs versetzt worden, dank meiner Heimerfahrung konnte mich diese Heuchelei nicht mehr überraschen.

In Westberlin eine Familie zu gründen kam einem Wagnis gleich, da die Sowjets und deren ostdeutsche Marionetten zunehmend der „feindseligen" Insel den Garaus zu machen versuchten. Denn von Jahr zu Jahr stieg die Zahl derer, die das kapitalistische Eiland dem sozialistischen Paradies vorzogen. Wenn Westintellektuelle für die wirtschaftlichen Verhältnisse in der DDR Verständnis zeigten, vergaßen sie freilich nach den Ursachen der Misere zu fragen, von der ich mich Weihnachten 1956 noch einmal persönlich überzeugen konnte. Die Wünsche der Eltern, ihren beiden Kindern das Beste zu bieten, erfüllten sich wesentlich erst durch die Mitbringsel der beiden Westbesucher. Für mich kam eine paradoxe Politbelehrung hinzu. Mein Onkel, der vorher als öffentlicher NS-Agitator Karriere gemacht hatte, vertrat nun einen aus Parolen gefilterten Antifaschismus mit angemaßter Überwachungsfunktion gegenüber unseren parteilosen Eltern. Nach kurzem Untertauchen vertauschte er 1950 das Hakenkreuz mit Hammer und Zirkel und tat sich nun als Vertreter der SED-Staatspartei hervor. Als ich über diesen raschen Wechsel mein Erstaunen äußerte, warnte man mich ernsthaft. Einen verdienten Genossen auf seine Vergangenheit anzusprechen, stand nun unter Strafe, zumal ich als Klassenfeind galt.

Meine Deutung, dass man eben einen reuigen Sünder mehr schätzte als einen Gerechten, schien fragwürdig, als er kurz nach der Wende die Rolle des Dissidenten usurpierte, obwohl er als Rentner keine finanziellen Nachteile zu befürchten hatte. Aus Beobachtungen musste ich unterstellen, dass er einen Menschentyp repräsentierte, der stets auf Einverständnis mit den jeweiligen Machthabern aus Mangel an Denkoperationen angewiesen war. Dies verschaffte ihm eine „Intelligenzler"-Zulage in der DDR. Seine Tochter ähnelt ihm sehr, hat sie doch ihren politischen Aufklärungsauftrag sofort gegen eine beratend - kontrollierende Stellung eingetauscht. Mit ihr endet die Seitenlinie der einst angesehenen Familie.

Mehr als diese deutsche Kleinbürgerposse irritierte mich freilich eine Begegnung mit einem befreundeten Arztehepaar, das nach einer zusätzlichen Ausbildung in Frankfurt an der Oder nach Ostberlin umgezogen war, um jederzeit noch über die Grenze flüchten zu können[22]. Die Ehefrau kannte die begabte Schauspielerin Käthe Reichel[23], eine der zahlreichen „call-girls" (E.Hauptmann)[24] von Bert Brecht. Seine Inszenierungen in Ost-Berlin gehörten zu den kulturellen Highlights; wir hatten natürlich die > Courasche < und auch den > Guten Menschen von Sezuan < gesehen, in dem auf Brechts Wunsch die Reichel die Hauptrolle spielte[25]. Sie huldigte uneingeschränkt dem Marxismus und erzählte in vorgerückter Stunde von Ansichten und Gewohnheiten des verehrten Meisters, der ihr in Buckow ein Haus gekauft hatte in unmittelbarer Umgebung vom Wohnsitz der Weigel[26], obwohl oder besser weil er die wechselseitigen

---

22 Joachim Schnierstein, Dr. med. Oberstarzt am Bundeswehrkrankenhaus Koblenz. Seine Frau war anfangs Schauspielerin.
23 Käthe Reichel, Schauspielerin im Berliner Ensemble.
24 Elisabeth Hauptmann, bedeutende Mitarbeiterin von Bertolt Brecht.
25 Bertolt Brecht, Dichter und Leiter des Berliner Ensembles.
26 Helene Weigel, Schauspielerin und Ehefrau von Bertolt Brecht.

Antipathien genau kannte. Als die Reichel von unseren Zwillingen hörte, geriet sie ins Schwärmen, wobei sie auch einen Kleidereinkauf im vornehmsten Modesalon des Kurfürstendamms phantasievoll ausmalte. Unser Bekenntnis zur finanziellen Insuffizienz überhörte sie, und auf unsere Frage, woher sie den kapitalistischen Konsumtempel so genau kenne, verwies sie auf Brecht, der im Westen einkaufe, weil die DDR nur „Dreck" anbiete. Sein proletarisches Image trübte sich für den Germanisten besonders, als sie seine Verachtung für das Dienstpersonal erwähnte: Den Gruß des Gärtners erwidere er niemals. Auf mich wirkte dies damals desillusionierend; spätere Erfahrungen haben mich des Öfteren gelehrt, doch entschieden zwischen poetischen Schöpfungen und Lebenswirklichkeit zu unterscheiden.

Westberlins Sonderstellung mit dem Viermächtestatus, den die Kommunisten mehr und mehr unterhöhlten, führte zu einer Sensibilität, die den Bewohnern der Bundesrepublik zumeist verschlossen blieb. Sie waren täglich einem wachsenden Flüchtlingsstrom konfrontiert, weil DDR-Bürger unter ökonomischen Schwankungen wie auch politischen Unwägbarkeiten litten und aus Mangel an freien Wahlen „mit den Füßen abstimmten". An manchen Tagen verließen mehr als Dreitausend das rote Paradies mit absehbaren Folgen für das ausblutende Land. Nur rigorose Sperrmaßnahmen konnten dem ein Ende setzen, wie man zunehmend fürchtete. Aber der allmächtige Ulbricht beruhigte mit den Worten „Niemand hat die Absicht eine Mauer zu bauen", bis Herr Niemand durch Stacheldraht und Mauer die Stadt brutal teilte. Damit schienen Chruschtschows Drohungen vors erste gebannt, doch die Maßnahmen trafen die Millionenstadt bis ins Mark. Hauptverkehrs-Verbindungen wurden gekappt, S- Bahnhöfe im Osten wurden ohne Halt durchfahren und Anwohner beiderseits von Straßen waren mehr und mehr auf Blickkontakte angewiesen. Auf diesen eklatantesten Bruch bislang partiell eingehaltener Verträge reagierten die westlichen Schutzmächte mit verbalen Protesten von gewohnter Unwirksamkeit.

Unsere damals vierköpfige Familie war insofern betroffen, als meine Mutter ihren angekündigten Besuch für unbekannte Zeit unterlassen musste. Als sie wegen Beschwerden ihren Hausarzt aufsuchte, stellte dieser flüsternd die Diagnose „Mauerkrankheit", an der viele Patienten litten. Uns war für kurze Zeit noch die Fahrt in den Ostteil gestattet. Wir

passierten deprimiert den Übergang am Brandenburger Tor, vor dem verzweifelte Menschen Fahnen schwingend und das Deutschlandlied singend protestierten. Ein Taxifahrer brachte die Situation mit den Worten auf den Punkt: „Vakooft ham se uns schon, nu müssen se uns bloß noch liefern".
Verspätete Besuche westlicher Politiker konnten nicht beruhigen, denn selbst der triumphale Empfang für den Hoffnungsträger Kennedy[27] geriet zu einem kollektiven Hilfeschrei; und mit Entsetzen hörte man die lang anhaltenden Hilfeschreie des an der Mauer verblutenden Ostflüchtlings Peter Fechter. Die forcierte Hilfsaktion bes. durch den Bau von attraktiven Wohn- und Geschäftshäusern verfehlte ihren Zweck, da zunehmend Westberliner Sicherheit in der Bundesrepublik suchten. Das galt auch für alteingesessene Firmen wie Sarotti, deren Sitz Tempelhof – so die Angabe auf jeder Schokoladentafel – sich in Mannheim-Tempelhof und schließlich lapidar in Mannheim veränderte. Bekenntnisse wie „ich hab´ noch einen Koffer in Berlin" konnten ebenso wenig beruhigen. In einem Interview, das Peter Brand am 7. Juli 2009 der > Welt < gewährte, erwähnt er einen bezeichnenden Vorfall.

„Eines Abends nahm er [sein Vater] mich beiseite und sagte sehr ernst, es könne sein, dass er demnächst für lange Zeit nicht nach Hause käme. Es war 1962, ein Jahr nach dem Mauerbau, kurz vor der Kubakrise. Wenn er nicht wiederkäme, sagte er, müsse ich als ältester Sohn die Verantwortung für die Familie übernehmen. Damals war ich noch nicht einmal 14 Jahre alt – die Situation war beängstigend. […] Die Senatsregierung befürchtete, die Russen könnten im Handstreich Westberlin einnehmen. In diesem Falle planten sie einen inneren Kreis rund um das Schöneberger Rathaus bis zum Letzten zu verteidigen. So sollte zumindest symbolisch West-Berlin gehalten werden, bis Gegenmaßnahmen oder Verhandlungen in Gang kämen – um den Eindruck zu verhindern, die Berlin-Frage sei abgeschlossen."[28]

1962 erhielt ich ein Freisemester. Der Rektor kannte mein Interesse für den Barockdichter Gryphius, der sich in Leiden, Rom und Straßburg auf-

---

27 John F. Kennedy, Präsident der USA.
28 > Für ein Denkmal der deutschen Einheit, Willy Brandts ältester Sohn Peter erklärt, warum er wie sein Vater an die Wiedervereinigung glaubte und doch von ihrem Verlauf überrascht war. Erinnerungen an die 60er Jahre in Berlin kommen in ihm hoch <. Interview mit Uta Keseling. In: Die Welt. Forum. 7.7. 2009, S. 7.

gehalten hatte, und bot mir ein Forschungsstipendium für sechs Wochen in diesen Orten an. Den Tagessatz von 50.- DM sollte ich verbrauchen, was angesichts des damaligen Preisniveaus mich überfordert hätte. Da meine Frau bislang schon wichtige Arbeitsvorhaben mit betreute, schloss sie sich an. Die Zwillinge übernahm meine Schwiegermutter in Düsseldorf und verhalf so der schwer belasteten Mutter zu einem Urlaub. Leider schränkte ich diesen erheblich ein, weil es eine Fülle von Materialien zu sichten gab. Im Vatikan blieb uns das Geheimarchiv verschlossen, und damit besaßen wir mehr Zeit für Straßburg. Wegen Erkrankung der Kinder musste ich allein zurückbleiben. Mein Dasein beschränkte sich auf die Bibliothek, bis meine Gastwirtin voll Angst fragte, wann wohl der Krieg ausbrechen werde. Die Zeitungen brachten erschreckende Bilder von Vorgängen um Kuba, und beim Anruf eines Chefarztes des Militärkrankenhauses Koblenz erfuhr ich, dass der Fuhrpark mit laufenden Motoren zur raschen Fahrt nach Südfrankreich bereit stand. Deshalb sollte ich im besonders bedrohten Ruhrgebiet die Familie abholen und ebenfalls nach Südfrankreich evakuieren. Bei der Ankunft in Düsseldorf rief mir meine Frau zu, dass die Russen abdrehten und damit die Kriegsgefahr vorerst gebannt sei. So hatte die Politmisere uns wieder eingeholt, der wir uns permanent auf der Transitstrecke zwischen Berlin und der BRD konfrontiert sahen. DDR – Kontrollen nahmen noch mehr Zeit in Anspruch, zumal auch die Rücksitze nach verstecktem Geld durchsucht wurden. Für meine Bemerkung angesichts von entdeckten fünfzehn Pfennigen, dass dies doch zu wenig sei, erntete ich einen strengen Verweis. Beschämend dagegen fand ich den vorauseilenden Gehorsam von Westlern, wenn sie unaufgefordert alles schon öffneten. Mir blieb manches erspart, weil ich ein englisches Fabrikat fuhr, dessen Motor fast alle Aufmerksamkeit der Kontrolleure fand. An eigens dafür geschaffenen Verstecken lauerten die Polizisten Schnellfahrern auf, um willkürlich Westgeld zu kassieren. An Brücken lauerten Kinder und hofften auf Apfelsinen, bis jeder Kontakt verboten wurde.

Wenn man Schikanen vermeiden wollte, war man auf schwindende Naturreservate in Westberlin angewiesen. Auf der Suche danach war das Inseldasein omnipräsent. Straßen entlang der Mauer erwiesen sich öfter als tückisch, weil die eigentliche Grenze in der Mitte des Fahrwegs lag und man so leicht „das Hoheitsgebiet" der DDR-Hauptstadt missbrauchte. So zogen wir uns oft in einen umgrünten Garten zurück, den die Kinder täglich genossen.

Mein Amt als Oberassistent führte zunehmend zu Belastungen und zwang mich zu permanenter Präsenz im Institut. Weil die Zahl der Lehrenden, vor allem der Professoren, stetig anstieg, entstanden neue Sekretariate – oft mit erweiterten wissenschaftlichen Ansprüchen und neuartigen Lehrangeboten. Damit avancierte ich zum Diener vieler Herren und Koordinator von unterschiedlichen Interessen bzw. Projekten. Allein die Organisation des jeweiligen Lehrplanes erforderte Geduld und diplomatisches Geschick im Umgang mit Gelehrten, die sich ihrer besonderen Qualitäten durchaus bewusst waren. Dazu gehörte mein erster Chef Richard Alewyn, ein international anerkannter Forscher mit Vorbehalten gegenüber der Routine des Lehrbetriebs und rascher praktischer Entscheidungen. Selbst Ankündigungen einfachster Art behandelte er wie ein sprachliches Kunstwerk und genehmigte er nur nach mehrfacher Überprüfung. Peter Wapnewski[29] bestach durch umfassende Literaturkenntnisse und eine faszinierende Eloquenz, wobei er wie Wilhelm Emrich sich Texten aktueller Poesie nicht verschloss. Oft betreuten sie auch Werkausgaben mit wachsenden personalen und finanziellen Aufwand. Hans-Egon Hass begann mit der Edition von Werken G. Hauptmanns[30], und Walther Killy wagte sich an die schwierigen Handschriften Trakls heran, nachdem er in Tübingen bei Friedrich Beißner den komplizierten Umgang mit Hölderlins[31] Nachlass kennen gelernt hatte. Wilhelm Emrich wiederum besorgte die Edition der Werke von Ricarda Huch[32]; daneben entstanden Anthologien und Einzeldrucke deutscher Literatur. Für interessante Abwechslung sorgten sodann Besuche prominenter Germanisten aus dem In- und Ausland, die öfter auch ein Gastsemester absolvierten und Einladungen von Ostberliner Kollegen gern folgten. So lernte ich als Begleiter Institutionen kennen, die mir sonst verschlossen blieben. Unvergesslich ist mir vor allem eine Begegnung mit Ernst Grumach[33], der in

---

29 Peter Wapnewski, Wilhelm Emrich, Hans Egon Hass. Prof.es für deutsche Philologie.
30 Gerhart Hauptmann, Dichter.
31 Friedrich Hölderlin, Dichter.
32 Ricarda Huch, Dichterin.
33 Ernst Grumach, Prof. für deutsche Philologie, Mitglied der Ostberliner Akademie der Wissenschaften.

der Akademie der Wissenschaften zu Berlin u.a. Projekte betreute, die fast ein gesamtes Jahrhundert in Anspruch nehmen sollten, da moderne Techniken noch weitgehend unbekannt waren. Während eines ganzen Semesters hielten sich der Holländer Ferdinand van Ingen[34] und ein englischer Professor im Institut auf, wobei letzterer die studentische Vorliebe für Parolen mit der beschrifteten Anstecknadel „I like sauerkraut" parodierte. Mit van Ingen verbindet mich eine jahrelange Freundschaft, die sich durch gemeinsame Seminare in Kiel noch vertiefte. Dank intensiver Beschäftigung mit Literatur der Frühen Neuzeit treffen wir bis heute bei Kongressen zusammen. Dass Ausländer für längere Zeit eine Assistentenstelle erhielten, verstärkte das internationale Flair der jungen Universität. Besonders eng verbunden fühlen wir uns mit Karl Pestalozzi[35], der dem Führungsstab der IVG (Internationale Vereinigung der Germanisten) angehörte und noch immer wichtige literarische Projekte betreut. Da ich auch Deutsch für Ausländer unterrichtete, erhielt ich des öfteren Einladungen in diverse Konsulate, die den meisten Deutschen verschlossen blieben. Meine Kursteilnehmer sorgten oft für Überraschungen; ein Student aus dem vorderen Orient zeigte mir stolz ein Hitlerbild, das er in der Brieftasche verwahrte und mich erfreuen sollte. Drei Perser suchten Kontakte zu Amerikanern, weil sie dort zu leben bestrebt waren, wobei ihre Begründung Erstaunen und Verwirrung evozierte. Im Kampf gegen kommunistische Partisanen hatten die USA verbündeten Persern Waffen geschenkt, die sie sogleich an die Gegenseite verkauften und die schließlich von Amerikanern zurückgekauft wurden. Diese Geschäfte mit mühelosen Gewinnen hofften sie in den USA weiterhin nutzen zu können; den entsetzten amerikanischen Kursteilnehmern erklärten sie mit Hinweis auf ihre bis zu den Phöniziern zurückreichende Händlertradition bedenkenlos dieses mehr als fragwürdige Verhalten. Ein Anruf aus dem akademischen Auslandsamt sorgte für Gelächter, weil ein eben aus New York Angereister darauf bestand, meinem Kurs zugeteilt zu werden. „Darin wird getrunken", so habe er schon in Übersee erfahren. Um geographische Kenntnisse und deutsche Vielfalt zu demonstrieren, hatte ich zu Semesterschluss Weinsorten aus unterschiedlichen Gauen in Proben ausgeschenkt. Da ich sie aus eigener Tasche bestritten hatte, stellte mir das

---

34 Ferdinand van Ingen, Prof. für deutsche Philologie in Amsterdam.
35 Karl Pestalozzi, Prof. für deutsche Philologie in Basel.

Amt eine größere Summe zur Verfügung, um die Kurse regelmäßig in dieser Weise abzuschließen.

Dieser Vorfall war repräsentativ für das damalige akademische Leben und lockerte manche Verkrampfungen auf, denen man in der eingesperrten Stadt ausgesetzt war. Ihre prekäre Lage förderte offensichtlich kulturelle Begegnungen, die sich spontan ergaben. Unsere Wohnung am Rande des Hauptkampus´ bot öfter dafür Gelegenheit. Wenn Professoren etwa nach nervigen Sitzungen Entspannung suchten, klingelten sie selbst zu später Stunde an unserer Tür, zuweilen mit einem Weinkarton unter dem Arm. Bei großem Andrang fehlte es einmal an Sitzgelegenheiten, was Professor Höllerer[36] veranlasste, den Ascheimer zu nutzen. Von da aus wies der Vertreter der Gruppe 47 Attacken gegen die Förderung von Grass´ > Blechtrommel < zurück, deren freizügige Partien bei konservativen Kollegen Vorbehalte auslösten. Dass sie damit zur Popularität des avantgardistischen Romans beitrugen, steht außer Frage.

Einige Spontanbesucher revanchierten sich mit Gegeneinladungen u.a. im recht kostbar eingerichteten Domizil von Peter Wapnewski, in dem sich prominente Literaten der bedeutsamen Gruppe einfanden. Schon damals fiel mir auf, dass sie Vorbehalte gegenüber Germanisten hegten. Sie betrafen auch Professor Emrich, der immerhin es gewagt hatte, eine umfassende Studie über das Werk von Kafka zu publizieren[37].

---

36 Walter Höllerer, Prof. für deutsche Philologie an der TU Berlin. Mitglied der Gruppe 47.

37 Während der Lektüre neuerer Texte fiel mir öfter auf, dass Schriftsteller den Literaturwissenschaftlern bzw. Germanisten mit Skepsis oder sogar unverhohlenem Spott begegnen. Das überrascht insofern, als diese Fachvertreter ihr Interesse überwiegend den Autoren und deren Schöpfungen bzw. Aussagen widmen, meist aus Ehrfurcht gegenüber dem Wort.
Im Rahmen des Münchner Germanistentages erschienen zwei Artikel, die neuere Missstände kritisch analysieren: „Erst warfen sie sich dem Zeitgeist an den Hals, jetzt verkriechen sie sich. Die Literaturwissenschaftler haben die Ideologie abgeschüttelt, aber auch die Literatur aus den Augen verloren." „Die Literaturwissenschaft richtet sich an die Literaturwissenschaftler, nicht an ein fiktives Ich in der Gesellschaft, das an seiner Gegenwart interessiert, womöglich von ihr fasziniert ist - und damit auch an der Spannung, in der Literatur zur Wirklichkeit steht". Dabei wird nicht verschwiegen, dass schon Dilthey diesen defizitären Befund beklagte: „Unsere Ästhetik lebt wohl hier und da noch auf einem Katheder, aber nicht mehr im Bewusstsein der leitenden Künstler oder Kritiker, und da allein

Auf diesen Umgang überhaupt wollten wir eigentlich ungern verzichten, zumal er sich entschieden von dem in der Wirtschaftswunderatmosphäre der Bundesrepublik abhob. Doch das sollte sich abrupt ändern, und zwar ab Mitte der sechziger Jahre.

Für Literaturbeflissene begann das sechste Jahrzehnt sogleich mit einem Paukenschlag. In kurzer Folge erschienen vor allem Romane, die weitgehend den Vergleich mit Texten des Auslandes nicht mehr zu scheuen brauchten. Sie sorgten in Deutschland für Irritationen, weil sie einem vom Wirtschaftswunder fasziniertem Volk bittere Erkenntnisse zumuteten. Martin Walsers > Halbzeit < (1960)[38] entsprach der gängigen Parole, wonach fünfzehn Jahre nach Kriegsende Bilanz über Geleistetes und Versäumtes gezogen werden sollte. Zu seinen Mitstreitern gehörten u.a. Heinrich Böll[39] und Günter Grass, dessen Danzig-Trilogie rasch idealtypischen Rang gewann. Zentrales Thema war die bislang vernachlässigte Auseinandersetzung mit dem „Dritten Reich" als kritischem Maßstab für die Verhältnisse in der Bundesrepublik im Kontext des eskalierenden Ost-West-Konflikts. Im Blick auf das Weiterwirken ehemaliger Funktionsträger oder die Wiederbelebung erstarrter Strukturen fiel öfter das Stichwort vom Postfaschismus als Stigma des „demokratischen" Staates. Obwohl die DDR allenthalben diktatorische Züge besaß, erschien sie dank geschickter Agitationen vielen westlichen Intellektuellen als ernstzunehmendes Kontrastprogramm oder sogar als rasch umzusetzendes Vorbild. Dabei erfreuten sie sich einer beträchtlichen Förderung durch östliche Kommunisten.

Die Freie Universität besaß zwar die liberalste Verfassung in Deutschland, zeigte allerdings ebenfalls Verkrustungen, nicht zuletzt dank belasteter Lehrstuhlinhaber. Empfanden bislang die Studierenden das akademische Leben als Privileg, erschien es ihnen nun zunehmend als fragwürdige Last, die Reformen notwendig machte. Der ASTA rief zu

---

wäre doch ihr Leben." > Die erschöpften Germanisten <. In: Feuilleton der Zeit vom 9.9.1998.

Damit mag zusammenhängen, dass moderne Schriftsteller vielfach Forschungsergebnisse ignorieren oder falsche Sachinformationen - meist gelegentlich von Jubiläen - verbreiten. Insofern bedarf es dringend einer besseren Kommunikation und einer genauen Analyse der oft peinlichen Fehlleistungen.

38 Martin Walser, Dichter, Mitglied der Gruppe 47.
39 Heinrich Böll, Dichter, Mitglied der Gruppe 47, Nobelpreisträger.

einem Sit-in – einer bislang unbekannten Diskussionsform – ins Foyer des Henry-Ford-Baues auf (Abb. 5, S. 109). Als Oberassistent fühlte ich mich veranlasst, Informationen einzuholen, und war überrascht von der Fülle der Versammlung. Auf Fußböden und Treppen drängten sich Studenten, hörten eloquenten Kommilitonen zu und spendeten spontan, wenn auch nicht immer präzis formulierten Forderungen Beifall. Da die Germanistik zum größten Fach der Universität avanciert war, meldeten sich viele Betroffene zu Wort. Ihre Kritik galt besonders Examensvorschriften, die ich schon länger als zeitraubend und inadäquat empfand. Wer deutsche Literaturwissenschaft im Hauptfach studierte, musste Gotisch, Althochdeutsch und Mittelhochdeutsch bis hin zu Detailfragen lernen, obwohl die beiden ersten Stufen kaum über ernstzunehmende Texte verfügten. Hinzu kam die bloße Rekonstruktion von indogermanischen Vorformen, die meinen Frust noch verstärkte, als mir der Lehrstuhlinhaber für Indogermanistik überzeugend darlegte, dass alles bereits überholt sei. Ich verschwieg dies, da man mir schon die Beobachtung des Sit-ins verübelte. Denn viele Professoren zeigten sich außerordentlich schockiert angesichts von Unruhe und sogar von Unbotmäßigkeit, die den Wissenschaften abträglich sein müssten. Sie verliehen mir den diskriminierenden Titel eines Gewerkschaftsbosses der Assistenten, von denen einige wiederum meine unvermeidbare Kooperation mit den Direktoren verdächtig fanden.

Dass derartige Vorgänge ziemlich rasch zu einem Flächenbrand umschlugen, lag am damaligen politischen Umfeld. Die durchaus erfolgreiche große Koalition in Bonn löste die Protestbewegung der APO aus, deren fundamentalistischen Parolen sich zunehmend aus vulgär-marxistischen Klischees nährten. Dass ostdeutsche Führungskader erheblich mitmischten, wird neuerdings von einstigen Vorkämpfern bestätigt. Dadurch verschärften sich die für Westberlin typischen Spannungen erheblich, denn nun begegneten rote Fahnen, Transparente und Kommunistenköpfe den Bewohnern der Westsektoren permanent, noch dazu mit Schmährufen gegen die unverzichtbaren Schutzmächte.

Zur Eskalation kam es in Berlin anlässlich des Schahbesuchs, nachdem ein Student erschossen worden war. Er wurde mit einer emotionsgeladenen Trauerfeier im Audi-Max geehrt und in einem Marsch durch die halbe Stadt nach Hannover überführt – unter demonstrativer Mithilfe ostdeutscher Polizeikräfte. Das erfüllte mich mit Skepsis – auch gegen

Freiheitsvisionen im „befreiten Persien". Ich zog nicht mit, wurde aber durch Störungen und Vandalismus im Universitätsbereich voll in Anspruch genommen. Unsere kostbare Bibliothek mit den angrenzenden Räumen hielten „Revoluzzer" für mehr als eine Woche besetzt. Aufgeblasene Kondome sollten die neue Freiheit demonstrieren, zeugten jedoch unbewusst von spätpubertären Emotionen der marxistischen Kraftmeierei. Als die Chaoten schließlich abzogen, hinterließen sie den „ ausgebeuteten Arbeitern" einen Saustall. Betroffen machte mich besonders, dass sie mit Mühen erworbene kostbare alte Folianten unrettbar beschmiert hatten.

Eine Strafanzeige unterblieb, weil der zuständige sozialdemokratische Senator eine Eskalation in der Stadt zu vermeiden suchte. Sie fand freilich trotzdem statt und deformierte vor allem für lange Zeit das Leben in einzelnen Fachbereichen der philosophischen Fakultät. Der Lehrbetrieb erlosch weitgehend, und das Vorlesungsverzeichnis spiegelte den Sieg marxistischer Ideologen wider.

Die Lernziele der Seminare standen immer schon fest. Ein Grundkurs zur „Weltkriegsproblematik in der bürgerlichen Literatur 1914-1930" benannte die erwünschten Ergebnisse sogar im Detail: „Anhand ausgewählter Dramen und Romane und zeitgenössischer Quellen sollen autoritäre Strukturen der Wilhelminischen Gesellschaft, die Entpolitisierung der bürgerlichen Klasse im Zeitalter des Imperialismus, die irrationalen, romantizistischen Emanzipationsversuche am Beispiel der Jugendbewegung sowie die sozialpsychologischen Gründe für das Scheitern der Weimarer Republik untersucht werden".[40] Dominanz besaßen Angebote der „materialistischen Literaturwissenschaft", gefolgt von Lehrveranstaltungen mit den diffamierend gebrauchten Kennzeichen „bürgerlich". Letztere betrafen u.a. namhafte Professoren, die bislang große Hörsäle gefüllt hatten und nun kleine Grüppchen vorfanden. Das galt für Wilhelm Emrich ebenso wie für Peter Wapnewski und Peter Szondi, der als jüdisches Kind aus Ungarn in die Schweiz verbracht worden war und sich nun als „Postfaschist" titulieren lassen musste. Er verübte später Selbstmord. Andere starben an Nervenfieber oder Herzinfarkt.

---

40 Aus der politischen Flugschrift der Münchner Germanisten 1981. Zitat aus dem Artikel > Auf den Klassenstandpunkt kam es an <. In :Die Zeit 9.9.

Am meisten überraschten mich die vehementen Verwerfungen innerhalb unseres Lehrkörpers, dessen liberale Umgangsformen ich genossen hatte. Unter Professoren wuchsen Spannungen und Frontbildungen auf abschreckende Weise. Einst gute Freunde verweigerten jegliche Kommunikation und belegten einander mit Schimpfworten, die unsere Kinder nur in unserer Abwesenheit zu verwenden wagten. Motive für rasche Wandlungen reichten von Leichtgläubigkeit bes. bei Westdeutschen über ängstliche Anpassung bis hin zum Ehrgeiz, den neuen Helden zuzugehören Einen davon erinnerte ein beherzter Privatdozent daran, dass er dies Verhalten schon einmal im Jahr 1933 eingeübt habe. Viele davon konnten ihre Machtstellungen teilweise bis heute ausbauen. Andere aber wechselten in Universitäten Kanadas, Nord- und Südamerikas über und nutzten die ruhigen Arbeitsbedingungen.

Da ich ebenfalls öfter bedroht wurde, wenn ich Scheine für eine verhinderte Übung verweigerte, suchte auch ich zu entkommen. Dazu gehörte nicht zuletzt der perfide Hinweis auf meine drei Kinder, die nahe am Universitätsgelände sich aufhielten. Die älteren Zwillinge besuchten eine progressive Anstalt mit sechs Grundschuljahren, doch ihre engagierte Klassenlehrerin riet uns heimlich zum Wechsel aufs Gymnasium nach vier abgeschlossenen Klassen, weil sie sich längst im Durchschnittsunterricht langweilten. Für die Anmeldung suchte ich den überaus sympathisch wirkenden Rektor des renommierten Goethe-Gymnasiums auf, dessen Zögern mich freilich irritierte. Er wolle mir nicht Vorfälle verheimlichen, die mich womöglich abschreckten. In seiner Lateinstunde hätten Schüler gefordert , sofort über Orgasmus-Schwierigkeiten zu debattieren. Auf meinen Vorschlag, dass dies in lateinischer Sprache hätte geschehen können, erwiderte er bedrückt, dass dafür keine Zeit verblieb, weil ein Mädchen bereits unter Beifall seine Kleidung abzulegen begann. Ein mit Obszönitäten gespicktes Flugblatt belegte die Perversität der Urheber.

Da unter gegebenen Umständen auch an der Universität keine Besserung zu erwarten war, meldete ich mich für die Habilitation an, die ich nach strengem Reglement abzuleisten hatte. Wenig später reichten sogar nur einige Zeitungsartikel als Ersatz für eine wissenschaftliche Arbeit. Ehrliche Kollegen sprachen deshalb von ihrer „Discount-Professur". Dass ich in diesem Chaos versuchte, das bislang so lieb gewonnene Berlin rasch zu verlassen, erschien als unvermeidbar. Letzte Anlässe dafür boten

Ereignisse, die sich jeglicher Vernunft entzogen. Als Oberassistent besaß ich bislang ein eigenes Zimmer, das plötzlich ein angepasster Direktor ohne mein Wissen der Streikleitung überließ. Fortan praktizierte ich meine Pflicht zur Beratung auf dem vorgelagerten Flur. Und die Klassifizierung als unzuverlässiger Naivling verdankte ich neuen revolutionären Denkoperationen.

Über die Geschicke des Instituts entschied ein Gremium, in dem die Marxisten keinen Widerstand duldeten. Sie stellten u.a. den Antrag, wonach Erstsemester als Tutoren eingestellt werden sollten. Bislang galt die plausible Vorschrift, dass erfahrene ältere Semester den Neulingen beistehen sollten, wie es im Ausland erfolgreich praktiziert wurde und wird. Weil ich den Antrag für absurd hielt, erregte ich bei Befürwortern entschieden Missfallen, denn damit schloss ich mich dem Votum des als konservativ diskriminierten Dekans an. Eine Woche vorher hatte ich mit ihm einen Disput und galt deshalb als Linker. Dass ich nun mit ihm übereinstimmte, machte sie fassungslos und mich ebenso, musste ich doch fortan als Folge des primitiven Schwarz-Weiß-Klischees das Ende jedweden Diskurses befürchten. Diese Zustände erinnerten mich fatal an meine frühen Erlebnisse im Faschismus und Stalinismus und erfüllten mich insofern mit Schrecken, als ich die Wiederkehr des Gleichen nicht in einer freiheitlich-demokratischen Ordnung erwartet hatte.

Im Vergleich zur Bundesrepublik erwies sich Westberlin doch als radikale Ausnahme. Um diesen Wirren zu entgehen, nahm ich das Angebot von Professor Trunz[41] für eine Lehrstuhlvertretung in Kiel gern wahr, obwohl ich auch in Berlin eine Vertretung übernommen hatte. Zwischen beiden Städten pendelte ich deshalb wöchentlich hin und her, doch Nebel oder Fluglotsenstreik brachten meinen Zeitplan durcheinander und zwangen mich zu Fahrten mit der Reichsbahn. Allein die Reise zwischen Berlin und Büchen mit langen Kontrollaufenthalten kostete mich bis zu sechs Stunden, die ich für Vorlesungsvorbereitungen nutzte, wobei ich Unterbrechungen durch interessante Gesprächspartner in Kauf nahm. Ein älterer Engländer erzählte mir stolz, dass er im Auftrage des Geheimdienstes deutsche Lebensmittelkarten perfekt gefälscht habe, um die NS-Wirtschaft zu unterminieren. Als ich gestand, dass ich als Luftwaffenhelfer die abgeworfenen Karten aufsammeln musste aber nicht lückenlos wei-

---

41 Erich Trunz, Prof. für deutsche Philologie Kiel.

tergab, wollte er mich für neue Zusammenarbeit gewinnen, was ich angesichts einer nötigen Transitpassage bedauernd ablehnte.

Doch die Doppelbelastung endete abrupt, weil ein Generalstreik den Betrieb an der FU lahm legte. Als Pendler gab ich mich unwissend, überwand eine aus zerschlagenem Mobiliar errichtete Barriere am Eingang zum Hörsaal und fühlte mich einer beträchtlichen Zahl von Hörwilligen gegenüber verpflichtet, meine Vorlesung zu halten. Daraufhin drohte man mit Schlägereien, so dass ich kapitulierte. Ordnungshalber meldete ich dies dem Dekan, der es ungläubig zur Kenntnis nahm, weil niemand mehr seit längerer Zeit eine „autoritäre" Vorlesung zu halten gewagt hatte. Mit diesem heldenhaften Akt endete meine fast fünfzehnjährige Lehrtätigkeit an der einst so geschätzten Freien Universität Berlin.

1969/70: Wechsel nach Kiel

Von Heidelberg erhielt ich die Offerte einer Umhabilitation, und Kiel bot mir ein Ordinariat an. Darauf wollten die Berliner für mich einen neuen Lehrstuhl bereitstellen mit den Vorteilen einer höheren Dotierung und intensiver Erforschung meines begonnenen Barockschwerpunktes. Das waren echte Versuchungen, denen ich freilich aus mehreren Gründen widerstand. Dazu gehörten noch immer die politisch-prekäre Situation Westberlins und die anhaltenden Missstände im universitären Bereich. So berichtete mir ein vertrauter Kollege, dass das Gremium aus Proporzgründen einen Linken berufen müsse, weil vorher ein Rechter gewählt worden sei. Überraschten mich bereits derartige Qualitätsmerkmale im Hinblick auf die wissenschaftliche Tätigkeit, so verfiel ich in ungläubiges Staunen, als man mich belehrte, dass mit dem „Rechten" ein Sozialdemokrat gemeint war. Die Verblüffung darüber stieg noch, als ein entschieden Mitverantwortlicher – ein durchaus profilierter Forscher – lauthals beklagte, dass die guten Wissenschaftler weitgehend abgewandert seien.

Im Unterschied zur neuen Praxis der Bewerbung auf einen Lehrstuhl erhielt ich einen Ruf an die Christian-Albrecht-Universität Kiel, den ich Erich Trunz verdankte. Der angesehene Gelehrte und Herausgeber einer vierzehn Bände umfassenden Goethe-Ausgabe mit Kommentaren, die eine enorme Verbreitung fand, setzte auch für die Barockliteratur neue Maßstäbe. Weil ich an der zweiten Auflage des Barockteilbandes meines Lehrers Richard Newald beteiligt war, erhielt ich Angebote von mehreren Verlagen zu Neuausgaben von Texten des berühmten Schlesiers Andreas Gryphius. Gleichzeitig in den sechziger Jahren begann ich mit der Veröffentlichung von Texten Johann Rists, des fruchtbarsten Dichters geistlicher Lyrik im protestantischen Norddeutschland,[42] und einer Anthologie der Nürnberger > Pegnitzschäfer <[43]. Trunz kannte ich nicht persönlich, sandte ihm aber, wie es Brauch war, regelmäßig Sonderdrucke zu, die er sorgfältig las und dankend beantwortete. Seiner Berufungsempfehlung folgten danach uneingeschränkt die Fakultät und das Kultusministerium.

---

42 Johann Rist, Dichter des Barock.
43 > Die Pegnitzschäfer. Nürnberger Barockdichtung <.

Der Abschied von Berlin und u.a. von einem großen Freundeskreis fiel uns schwer, zumal wir in Kiel niemanden kannten. Bei der Übersiedlung waren wir noch einmal den Schikanen der DDR ausgesetzt, weil sie für den Transit meiner umfangreichen Bibliothek ein genaues Verzeichnis aller Titel forderte. Daraufhin übernahm das Kieler Kultusministerium die Kosten für einen Lufttransport.

Auch wenn Berlin als geteilte Stadt nicht den Eindruck einer Metropole machte, erschien uns Kiel doch als tiefste Provinz. Etwas überheblich waren wir schon durch Besuche in der alten Bundesrepublik geworden, deren Bewohner uns öfter durch Unwissenheit überraschten. Am Bodensee bestanden Ängste, weil die Russen doch schon in Frankfurt wären: dass es zwei Orte dieses Namens gab, wussten sie offensichtlich nicht. In Düsseldorf wiederum meinten einige, dass wir mit dem Auto von Berlin durch Russland hätten fahren müssen. Eine Pflastersteinstraße begleitete uns bis in das Zentrum von Kiel, wofür der Anblick einer großen Fähre nach Göteborg ein wenig entschädigte. Meine Frau vermisste elegante Kleidungsgeschäfte und fuhr deshalb zuweilen nach Hamburg. Doch durch die Olympiade veränderte sich die Landeshauptstadt entscheidend, auch weil sie nun Anschluss an die Autobahn besaß. Die Fördedampfer waren gemütlich, aber doch zeitraubend. Auf ihnen wurde auch Alkohol ausgeschenkt, wobei die Kapitäne einbezogen wurden. Das zeigte zuweilen Wirkung bei Anlegemanövern, vor allem, weil man bis kurz nach Mitternacht fuhr. Dass der Bordlautsprecher 24 Uhr die Nationalhymne erschallen ließ, sorgte für Erstaunen, angesichts von Vorbehalten gegenüber patriotischen Bekundungen. Zur Erklärung führte meine Mitarbeiterin in bestem holsteinischen Dialekt an: „Wir sind hier nicht rational, sondern national."

Meine Kieler Kollegen zeigten sich überaus gastfreundlich und erwarteten Hilfe von einem, der „an vorderster Front" dem Studentenprotest ausgesetzt war. Dass der Protest ziemlich verspätet auch die Provinzhauptstadt heimsuchte, entsprach langjährigen Erfahrungen, doch der Tod zweier Professorensöhne im terroristischen Milieu machte betroffen. Im Vergleich zu Berlin besaßen die Auseinandersetzungen freilich possenhafte Züge, auch wenn sie ziemlich lange andauerten. Der leitende Rebell der Germanisten, wiederum ein Professorensohn, fiel schon bald aus, weil eine Windbö den spindeldürren Jüngling samt Fahrrad gegen eine Wand gedrückt hatte. Anfang Mai 1970 begannen Streikaktionen, die jeweils wöchentlich in Vollversammlungen verlängert wurden, in denen ich pflichtgemäß erschien und Schimpf erntete, weil ich Teilnahmescheine für ausgefallene Seminare zu vergeben mich weigerte. Außerdem verblüffte ich durch die Unterstellung, dass das Hauptmotiv der Streikstreckung im extrem sommerlichen Wetter zu suchen sei, und bekräftigte das Argument durch meine fortschreitende Bräunung. Nachdem sodann meine Vorlesungen mehrfach gestört worden waren, schlug ich für die Zukunft unverbindliche Plaudereien vor, zumal ich Kollegs für meine Weiterbildung nicht unbedingt nötig hätte. (Dass ihr Arbeitsaufwand sehr belastend war, verschwieg ich lieber). Doch schon zwei Tage später erschien eine Abordnung mit der Forderung nach Fortsetzung der Vorlesungen aufgrund der Autorität meines „Alters". Damals war ich gerade 42 Jahre alt und zeigte mich deshalb betroffen, doch ihre Interpretation, dass ich zwanzig Jahre mehr Zeit zur Lektüre besaß als sie, leuchtete mir ein. Der wachsenden Politisierung entsprach eine auf Ignoranz beruhende Idealisierung der DDR, was mich bewog, eine Vorlesung über neueste Literatur im Ostteil Deutschlands zu halten. Das Interesse der Hörer ließ freilich rasch nach, weil ich kritische Texte mit Vorliebe heranzog und deren poetische Qualitäten demonstrierte. Weil Studenten zudem falsche Vorstellungen über unsere Machtbefugnisse oder sogar finanzielle Verfügungsgewalt hatten, gründeten wir einen Beirat, dem vernünftige und diskussionsbereite Studenten angehörten

Einige Reaktionen darauf setzten mich doch in Erstaunen. Die damalige Staatskanzlei, auf „Law and Order" bedacht, missverstand offensichtlich meine Offerten und hielt mich als einstigen Ostbewohner für ein trojanisches Pferd mit marxistischer Schmuggelladung. Meine Kollegen freilich, die zunehmend unter Störungen litten, drängten mich zur Kandidatur als Rektor, weil ich in der Berliner Kampfszene gestählt worden sei. Ich lehnte ab, konnte aber nicht verleugnen, dass ich eine Immunisierung erlangt hatte, wodurch sich meine Aufgeregtheit in Grenzen hielt. Intelligenten Studenten entging dies nicht. Als wieder einmal Transparente am Rektoratshochhaus zum Streik aufforderten, fand ich in meinem Arbeitszimmer die Nachricht vor, dass dieser für mich nicht gelte. Nicht minder beeindruckten sodann Besuche von linken Vorkämpfern, wenn private Konflikte sie massiv bedrängten. Später erhielt ich von mehreren konventionell gestaltete Heiratsanzeigen, die zugleich verrieten, dass sie im bürgerlichen Leben Karriere gemacht hatten.

Um weiteren Verdachtsmomenten in der Staatskanzlei zu entgehen, beantragten mein Kollege Hans-Joachim Mähl[44] und ich ein Disziplinarverfahren wegen unseres eigenmächtigen Handelns, was in Berlin gewiss zu Kopfschütteln geführt hätte. Nach ersten Verhören wurde das Verfahren abgebrochen, wobei ich bis heute nicht weiß, ob wir womöglich die Gesetzeswächter überzeugt hatten.

Existierte bislang schon eine Fülle von Literatur über eine Bewegung, deren vielfache Nachwirkungen nicht unterschätzt werden sollten, sind in jüngster Zeit Dokumente gefunden worden, die eine sensationelle Wende herbeizuführen geeignet sind. Sie betreffen vor allem den Mörder Benno Ohnesorgs und dessen langjährige Zugehörigkeit zur Stasi und machen eine massive Einwirkung durch Kommunisten in Ost wie West sehr wahrscheinlich. Mit der Gründung einer > Westberliner Sozialistischen Einheitspartei < traten Anhänger für die von den Sowjets betriebene weitere Spaltung Deutschlands ein, ohne dafür zur Rechenschaft gezogen zu werden. Besonders beeindruckt hat mich die jüngst erschienene Autobiographie Peter Schneiders, der sich dem harten Kern der Berliner Avantgarde anschloss und engen Kontakt zu RAF-Tätern besaß. Der Titel > Rebellion und Wahn < verweist bereits auf die Ambivalenz von Ideal, Realisierung und Scheitern eines Unternehmens, in dem sich politische und private Impulse wie Frustrationen auf fragwürdige Weise verknüpfen. Am Ende trifft er viele Mitstreiter in der Praxis eines Psychotherapeuten und fällt das Stichwort „Pubertät", das seinem Resumée entspricht:

> „Unsere Zuständigkeit für jede Ungerechtigkeit auf der Welt wirkte wie ein Aphrodisiakum. Es war wunderbar, sich immer und überall im Recht zu fühlen- nie war dieses Gefühl so leicht zu haben".[45]

DDR-Kollegen sprachen von verspäteter Pubertät einer verwöhnten Generation aus gut bürgerlichem Milieu und beklagten ihren Realitätsverlust angesichts des kommunistischen Terrors gegen den Freiheitswillen des tschechischen Volkes. Nicht zu überhören war dabei, dass sie unsere

---

44 Hans-Joachim Mähl, Prof. für deutsche Philologie.
45 Peter Schneider; > Rebellion und Wahn <, Köln 2008, S. 140. Sven Felix Kellerhoff und Uwe Müller: Interview mit Peter Horvath. > Die 68er waren betrogene Betrüger <. In: Die Welt, 12.6.09.

Reaktionen für unzureichend oder gar „kapitulantenhaft" hielten. Diese Vorwürfe wird man nicht durchweg bestreiten können.

Meine Betroffenheit über die Vorgänge speziell im universitären Bereich hält bis heute an, wenn ich bedenke, dass der wissenschaftliche Diskurs zu Toleranz und besonders zu einem differenzierten Denken anleiten soll. Beides aber fiel in kurzer Zeit doktrinären Klischees zum Opfer und wurde von primitiver Gewalt abgelöst. Insofern befielen mich Zweifel hinsichtlich meiner pädagogischen Wirksamkeit, die hoffentlich Nachfolgern weitgehend erspart bleiben.

Mit der Übernahme eines ordentlichen Lehrstuhls, den bislang der renommierte Kollege Conrady[46] innehatte, erhöhten sich die Anforderungen erheblich, zumal sich herausstellte, dass nur ich zur Abhaltung von Vorlesungen in der neueren Literatur präsent war. Professor Trunz zeigte sich schockiert über die Vorgänge und ließ sich umgehend emeritieren, ohne dass die Nachfolge bislang ernsthaft vorangetrieben worden war. In Berlin konnte ich mich u.a. auf das Barockzeitalter konzentrieren, doch nun hatte ich – nicht zuletzt aufgrund der Prüfungsordnung – über deutsche Literatur von Luther bis zur Gegenwart zu unterrichten Dass dies teilweise dilettantisch geriet, sei nicht verschwiegen. Zur Überbrückung konnte ich Gastdozenten gewinnen, bis Neuberufungen einen verteilten Lehrbetrieb ermöglichten.

---

46 Karl Otto Conrady, Prof. für deutsche Philologie in Köln, zuletzt bekannt geworden durch seine Lyrik-Anthologie.

Lehr- und Forschungstätigkeit im In- und Ausland. Schwerpunkte: Barock- und DDR- Literatur

Die Umsiedlung in die nördlichste Provinz besaß indessen auch Vorzüge; einer davon mag banal erscheinen, spielte jedoch mental eine gewichtige Rolle. Zuweilen bestiegen wir an den Wochenenden unser Auto, um ziellos durch Schleswig-Holstein zu fahren, ohne an Kontroll-Häuschen, Stacheldraht oder Sperrzonen zu enden. Die gewonnene Freizügigkeit kam zudem auch der wissenschaftlichen Arbeit zugute. Als ich in Berlin Barock-Texte benötigte, die verständlicherweise in der jungen UB noch fehlten, war ich auf Fernleihen angewiesen, die oft mit Verzögerungen verbunden waren, weil kostbare Folianten aus dem Westen eingeflogen werden mussten. Von Kiel aus aber konnte ich das Auto besteigen, um rasch wichtige Quellen selbst in Augenschein zu nehmen und zu kopieren. Das galt sofort für den > Sonderforschungsbereich Ostseeraum <, der aus historischen Gründen eine enge Kooperation mit Dänemark erforderte. Dieter Lohmeier, ein Schüler von Trunz und Kenner der komplizierten Geschichte Schleswig-Holsteins[47], trug wesentlich zur Förderung des Projekts bei, während Bengt Algot Sørensen dank umfassender Kompetenzen als dänischer Partner Unterstützung gewährte.[48]

Erste Begegnungen mit dem interessanten Projekt sorgten für eine Überraschung, die mich längere Zeit beunruhigte und zu intensiven Bemühungen zwang. Eine Doktorandin von Erich Trunz beschäftigte sich mit > Weltlicher Barockprosa in Schleswig-Holstein < und transportierte in ihrem Auto eine beträchtliche Zahl von Folianten, die ihr barockes Alter unschwer erkennen ließen. Weil ich in Berlin vergleichbare Exemplare nur unter Aufsicht der Universitätsbibliothek inspizieren durfte, fragte ich nach der Herkunft der kostbaren Bücher. Sie stammten aus der Bibliothek des Preetzer Klosters, das als Damenstift fortbestand und offenbar über eine beträchtliche Anzahl alter Drucke verfügte. Die historische Räumlichkeit war der Öffentlichkeit nicht zugänglich, doch wer sich als Bücherliebhaber zu erkennen gab, durfte gewünschte Folianten entleihen.

---

47 Dieter Lohmeier, Prof. für deutsche Philologie, Direktor der Kieler Landesbibliothek Schleswig-Holstein.
48 Bengt Algot Sørensen, Prof. für deutsche Philologie in Odense.

Da ich wusste, welche Schäden der Krieg besonders in den deutschen Ostgebieten angerichtet hatte, bat ich dringend um eine Besichtigung, die mir mit meiner Frau gewährt wurde. Wir waren fassungslos, weil Kälte und Nässe teilweise irreparable Schäden angerichtet hatten und eine großzügige Ausleihpraxis Ängste bereitete. Meine Frage, ob man jeweils die kostbaren Stiche zähle, die von Händlern bevorzugt wurden, zweifelte man an meinem gesellschaftlichen Umgang. Verzweifelt wandte ich mich an den Kollegen Trunz, dessen Rettungsversuche stets gescheitert waren, weil die gesamte Pastorenschaft der Probstei über das Besitzrecht verfügte. Erst dank der Beziehungen des renommierten Historikers Karl Dietrich Erdmann[49] gelang es mit der Unterstützung der Deutschen Forschungsgemeinschaft, nach längerer Renovierungsarbeit die rund 15 000 Titel umfassende und wissenschaftlich exemplarische Sammlung zu inventarisieren.

Für einen Kieler Germanisten waren auf Grund von Verträgen und Gewohnheiten sogleich Besuche an allen dänischen Universitäten selbstverständlich, die ich dann mit meiner Frau sogleich absolvierte. Sie sollte das gesellschaftliche Ereignis bereichern, das in einem Festessen gipfelte. Damit waren erste Bande geknüpft, die sich schon rasch zu Freundschaften entwickelten. Mit Kopenhagen verband uns vor allem Sven Aage Jørgensen, der als Kenner der Literatur des achtzehnten Jahrhunderts an de Boors Literaturgeschichte mitarbeitete[50]. Eine besondere Beziehung bestand zur Universität Aarhus mit Leif Ludwig Albertsen, der in Kiel studiert hatte und die Initiative für Begegnungen ergriff, die sich über rund zwanzig Jahre bewährten[51]. Da die Aarhus-Universität nahe Sonderburg eine geräumige Begegnungsstätte besaß, fanden jeweils von Himmelfahrt bis zum folgenden Sonntag Treffen statt mit Vorträgen und Diskussionen der Sprach- und Literaturwissenschaftler aus beiden Universitäten. Das Engagement war beiderseits beachtlich, und zugleich sorgten gemeinsame Speisungen für erfrischende Auflockerungen. Auf durchgehende Planung wurde verzichtet, was eine Vielfalt der Themenwahl durchaus erlaubte. Diese vom Ambiente des schönen schlossartigen Gebäudes geförderte Kommunikation bleibt in bester Erinnerung.

---

49 Karl Dietrich Erdmann, Prof. für Geschichtswissenschaft in Kiel.
50 Sven Aage Jørgensen, Prof. für deutsche Philologie in Kopenhagen.
51 Leif Ludwig Albertsen, Prof. für deutsche Philologie in Aarhus.

Den Schwerpunkt Barock versuchte ich angesichts neuer Impulse zu vertiefen. Hatte man erst zu Beginn des zwanzigsten Jahrhunderts der wenig beachteten deutschen Barockliteratur einen spezifischen Stellenwert zuerkannt, avancierte sie nach einer politisch bedingten Unterbrechung von den sechziger Jahren an zu einem ausufernden Forschungsobjekt. Wesentliche Impulse gingen dabei von der Herzog-August-Bibliothek in Wolfenbüttel aus, deren Lage im Zonenrandgebiet kaum für Attraktivität gesorgt hatte. Dass sich dies in relativ kurzer Zeit tief greifend veränderte, verdankte sie dem kompetenten Forscher, Bibliothekar und Organisator Paul Raabe[52]. Für 1972 lud er zu einem Gespräch ein, um verstreute Projekte, Ansätze und Desiderata zu koordinieren und damit Überschneidungen zu vermeiden. Mitten im Semester waren zahlreiche Barockforscher aus Universitäten angereist, darunter Koryphäen wie Albrecht Schöne[53] und Erich Trunz, die das vielfältige Spektrum einer bislang unterschätzten kulturellen Blütezeit überzeugend entwarfen. Eine Einladung verdankte ich meinen Editionen von Werken Johann Rists, Andreas Gryphius' und der Nürnberger Pegnitz-Schäfer sowie einer Reihe von Abhandlungen und Mitbegründung einer Zeitschrift. Angesichts der Fülle von Projekten und Problemen entschloss man sich spontan zur Verlängerung des Treffens, der ich nicht mit Rücksicht auf meine Vorlesungen hätte beiwohnen können.

Die Reaktion zahlreicher Kollegen bestand aus Fassungslosigkeit, hatten sie doch wegen anhaltender Störungen schon länger auf Kollegs verzichtet und sich auf weniger arbeitsintensive Veranstaltungen beschränkt. Welche Vorteile diese Praxis verschaffte, zeigte mir ihre freudige Bereitschaft zum Bleiben und so die einzigartigen Schätze der Wolfenbüttler Bibliothek für Forschungen zu nutzen. Beschlossen wurde die Gründung eines > Internationalen Arbeitskreises für deutsche Barockliteratur < unter Leitung eines Komitees, dem ich angehören durfte. Ein erstes Jahrestreffen 1973 mit mehr als hundert Teilnehmern aus zahlreichen Ländern und vielfältigen Fächern demonstrierte augenscheinlich die globalen wie interfakultativen Verflechtungen eines für die frühe Neuzeit

---

52 Paul Raabe, Direktor der Herzog-August-Bibliothek Wolfenbüttel, danach Betreuer der Franckeschen Stiftungen in Halle.
53 Albrecht Schöne, Prof. für deutsche Philologie in Göttingen. Präsident der IVG, Initiator zahlreicher wissenschaftlicher Treffen.

repräsentativen Textkorpus' (Abb. 9, S. 112: Augusteerhalle in Wolfenbüttel, Eröffnung des 1. Kongresses durch mich).

Da sich Wolfenbüttel rasch zu einem Forschungszentrum entwickelte, entstanden bei regelmäßigen Treffen neue Verbindungen zu Kollegen im In- und Ausland. In Münster beschloss man die Gründung einer Grimmelshausen-Gesellschaft, in der ich regelmäßig mitwirkte. Für mich bedeutete sodann die Edition von Gryphius' Dramen mit einem Kräfte verzehrenden Kommentar für den Klassiker-Verlag 1991 die Krönung meiner Beschäftigung mit literarischen Glanzpunkten. Leider musste der Herausgeber des Lyrikbandes aus welchen Gründen auch immer passen, ein Schicksal, das anderen ebenso widerfuhr.

Einladungen zu Vorträgen an Universitäten der Niederlande, Österreichs, Italiens, und Frankreichs vertieften die Kontakte, die ich für den Lehrbetrieb in Kiel nutzte. Weil viele Studenten einen Universitätswechsel nicht finanzieren konnten, holte ich prominente Ausländer meist für ein Semester als Gast und sorgte wenigstens auf diesem Wege für eine Horizonterweiterung. Das damalige Kultusministerium half dabei großzügig. In diesem Sinne unternahm ich auch Exkursionen mit kleineren Studentengruppen nach Wolfenbüttel, Herrnhut[54] und Halle zu den Franckeschen Stiftungen des deutschen Pietismus, die nach dem Verfall der DDR-Zeiten von Paul Raabe gerettet wurden Er führte uns selbst durch die renovierten Teile dieser Kulturstätte mit dem Erfolg, dass sich einige meiner Schüler spontan zur Mitarbeit bereit fanden. So lernten sie eine geistige Bewegung kennen, die massiv das Schrifttum der Goethezeit prägte. Darüber handelte ich auch in meiner 1972 publizierten Untersuchung zu Goethes epischen Texten.

Meinen Aktivitäten in Wolfenbüttel verdankte ich 1973 eine erste Einladung in die Universität Breslaus, die vom Rektorat nachdrücklich begrüßt und gefördert wurde. Ausgesprochen hatte sie Prof. Szyrocki, leitender Direktor des deutschen Instituts, der mir dank seines Humors bis hin zu Zynismen sogleich sympathisch war. Ein Visum aus der Botschaft erhielt ich rasch, doch die Reise enthüllte sich als problematisch. Per Flugzeug musste man in Warschau umsteigen, und Anschluss nach Breslau fand man dann nur an zwei Tagen der Woche. Doch der Kollege warnte mich vor unzulänglichem Interieur der Maschinen und Transport

---

54 Herrnhut, Zentrum der Herrnhuter Pietisten in der Oberlausitz,

des Gepäcks, das man im Glücksfall acht Tage später erhalten würde. Deshalb wählte ich die Bahnfahrt mit Zwischenstopp in Leipzig und offizieller Ankunft am Zielort nach insgesamt achtzehn Stunden Fahrt. Sollte ich den Anschluss verpassen, hätte ich im Kurswagen ausharren müssen, weil ich für den Aufenthalt auf dem zum Territorium der DDR gehörenden Bahnsteig keine Genehmigung besaß. Ich wagte es trotzdem und saß in einem von Polen besetzten Abteil, die mir gratulierten, dass ich nicht aus der „Ostzone" stammte. Nachdem wir die Grenze nach Polen passiert hatten, klagte man über die Schrecken des Lebens im Sozialismus. Sobald sie auf der Rückfahrt meine Staatsangehörigkeit erfragt hatten, durfte ich sogleich einen kräftigen Schluck aus der Wodka-Flasche trinken – mit Wiederholungen bis Hannover.

Am meisten überraschte mich die Begrüßung im Institut. Der Kollege Szyrocki hatte alle Mitarbeiter versammelt – bis auf einen, den er als „Verrückten" bezeichnete. Meine Irritation suchte er mit der Bemerkung zu zerstreuen, der sei Kommunist, was noch angehe, aber aus der Kirche ausgetreten, was ihn endgültig disqualifizierte, da selbst Funktionäre regelmäßig in Nachbargemeinden Gottesdienste besuchten. Dann führte er mich durch Teile der Stadt, unterbrochen von großen Flächen erschreckender Ödnis, auf denen er kurz nach Kriegsende Steine gesammelt hatte, um eine Notunterkunft für Vorlesungen zu errichten.

Jetzt freilich zeugte die perfekt restaurierte Aula im ehemaligen Jesuiten-Kolleg von der Ehrfurcht vor alten Kulturgütern. Da wir beide Offenheit pflegten, gestand ich ihm meine Enttäuschung darüber, dass die polnischen Landstriche von der DDR-Grenze an sehr vernachlässigt erschienen. Er begründete dies mit Unsicherheit der Neusiedler in Schlesien wegen revisionistischer deutscher Forderungen; seine Frau fügte spontan hinzu, dass fleißige Arbeit im sozialistischen Gesellschaftssystem sich schlechterdings nicht lohne. Zu meiner Überraschung lud er in der Folgezeit zu wissenschaftlichen Kolloquien ins Gästehaus der Universität ein, das den Blick aufs Riesengebirge freigab. Bei schönem Wetter wurde gewandert und dafür bis spät in die Nacht referiert und diskutiert. Als ich einmal nach dem Programm fragte, fand er dies typisch deutsch und vertraute einfach der weiteren Entwicklung. Dass seine Einladung wohlüberlegter Taktik entsprach, verriet er mir am Ende. Polnische Kulturfunktionäre hatten kritisiert, dass er im Lehrbetrieb die deutsche Vergangenheit Schlesiens nicht verschwieg. Er aber konterte mit dem Hinweis, auf eine

Bitte seitens der DDR für die große Literaturgeschichte den Band über das Barockzeitalter zu verfassen, da man die als feudal verdächtigte Kultur vernachlässigt hatte. Mehr noch beeindruckte mich sein Motiv, Kollegen aus der DDR zu beteiligen, um endlich deutsch-deutsche Begegnungen von Germanisten zu ermöglichen.

Die erste gemeinsame Sitzung begann verkrampft. Szyrocki forderte zur individuellen Vorstellung auf, worauf sich ein Kollege in strammer Haltung als marxistischer Philosophie-Professor aus Dresden" offerierte[55]. Ich konterte mit einer Bemerkung über Affinitäten; ich sei zwar der „Klassenfeind aus Kiel", stammte aber ebenfalls aus Sachsen und beherrschte sogar problemlos den entsprechenden Dialekt. Damit war das Eis gebrochen, begrüßte er mich doch fortan mit der Formel „geliebter Klassenfeind". Mich überraschte sein Bekenntnis, dass sie über westdeutsche Wissenschaftler falsch informiert worden seien und er dies auch in Berlin monieren werde. Öfter kam es auch zu recht scharfen Disputen zwischen DDR-Kollegen und polnischen Gastgebern, doch Schlichtungsversuche misslangen. Mein entliehenes Klischee von den „sozialistischen Bruderländern" löste bei den Polen vehemente Proteste aus, weil die DDR dank Unterstützung durch Westdeutschland eher als „halbkapitalistisch" gelten müsse.

Bemerkungen von DDR-Kollegen im privaten Umgang machten mich freilich fassungslos. Ein Stand auf dem Trödelmarkt in Hirschberg bot Silberbestecke an, was einen Ostdeutschen zu dem fast zornigen Kommentar veranlasste:" Das stammt von Deutschen und werden wir uns wiederholen". Noch größer war mein Erschrecken, als mir im Zusammenhang mit Erfolgen der Solidarnocz ein gut informierter SED-ler anvertraute, dass man den „polnischen Bazillus" schon bald beseitigen werde, indem die DDR alle okkupierten Ostgebiete zurückholen und die Sowjetunion den Rest in Besitz nehmen werde. Und das sei dann die letzte polnische Teilung.

Ich vermochte es nicht zu glauben, denn wir Westler waren doch laut marxistischem Geschichtsverständnis und hämmernder Parolen die schlimmen Revisionisten und Kriegstreiber, bis das Geständnis eines älteren DDR-Kollegen letzte Zweifel beseitigte. Tief betroffen erzählte er mir, wie sein Sohn ihn nachts aufsuchte und mit Tränen gestand, dass

---

55 Siegfried Wollgast, Prof. für Philosophie in Dresden.

seine Volksarmee-Einheit bei höchster Alarmbereitschaft zum Einmarsch nach Polen in Frankfurt an der Oder bereitstehe. Damit sei er womöglich gezwungen, auf den befreundeten Sohn Szyrockis zu schießen. Nur dem geschickten Schachzug Jaruszelkis[56], der den Ausnahmezustand ausrief, verdankte er sodann das Ende dieses verzweifelten Dilemmas.

Eine letzte Begegnung in Krummhübel fand im September 1989 zum Thema DDR-Literatur statt und eröffnete makabre Perspektiven. Da meine Frau ein Transistorradio mit sich führte, wurde sie permanent von tief verunsicherten Ostlern über neueste Nachrichten zu Unruhen und Maßnahmen in ihrem Land ausgefragt. Sie waren Anhänger der SED, hielten eine deutsche Vereinigung für ausgeschlossen, aber verfügten über Westmark-Beträge, die den Einkauf polnischer Waren außerordentlich begünstigten. Am Ende verabschiedete sich ein Westler mit „Auf Wiedersehen im vereinigten Deutschland" und sorgte so für zornige Irritationen bei einigen Ostlern, während andere sich bereits auf bestmögliche Anpassung einstellten.

Einige Zeit vorher folgte ich einer Einladung an die Universität Posen im Rahmen eines Partnerschaftsvertrages. Im vollbesetzten Hörsaal referierte ich über die Schule im Nationalsozialismus am Beispiel von Grass' Novelle > Katz und Maus <. Als Erste meldete sich eine charmante Studentin zu Wort mit dem Vergleich, dass sich dies in Polen gegenwärtig wiederhole. Dafür erntete sie uneingeschränkten Beifall. Zuvor hatte ich bereits in der Hauptkirche die Umsetzung dieser Affinität bildhaft erfahren: gegenüber dem Porträt des selig gesprochenen Märtyrers Pater Kolbe[57] war nun rasch ein Großfoto des Paters Papieluszko angebracht worden, eines von Kommunisten ermordeten mutigen Kämpfers[58].

Weil man mich auch in Warschaus Uni erwartete, begleiteten mich die Gastgeber zum Zug, der wegen der Reisenden „Bonzenschaukel" hieß, und wollten mich offensichtlich deshalb warnen. Im Abteil fand ich fünf Polen – vier Frauen und einen Mann – vor und besetzte unauffällig meinen reservierten Eckplatz. Hinter einem Buch wollte ich abtauchen, doch es besaß einen deutschen Titel und provozierte sogleich die Frage nach dem Herkunftsland. Meine Antwort löste wie gewohnt Freude aus, und mein Referatsthema, das ich unbedacht verriet, gab Anlass zu Dis-

---

56 Wojciech Jaruszelski, Ministerpräsident von Polen.
57 Pater Kolbe, Märtyrer der NS-Zeit.
58 Pater Papieuszko, Gegner der polnischen Kommunisten.

kussionen, die erst mit der Ankunft in Warschau endeten. Auf dem Bahnsteig erwartete mich ein Kollege, der mich wie üblich perfekt betreute, wunschgemäß durch die nach Canaletto[59] rekonstruierte Altstadt führte und zum Friedhof mit Papieluszkos Grab begleitete. Der Eindruck war überwältigend. In die völlig mit Betenden überfüllte Kirche konnte ich nur einen Blick werfen und am Grab nur kurz verweilen, weil Tausende in kalter Novemberzeit dem Toten die letzte Ehre zu erweisen sich drängten. Ein massiver Zaun drohte unter der Last von Kränzen und Blumengebinden zu zerbrechen, und massenhaft brennende Kerzen zeugten von Devotion und Protest. Von da an glaubte ich fest an das Ende einer brutalen Inkarnation Menschen beglückender Visionen, die bei deutschen Intellektuellen noch hoch im Kurs standen.

---

59 Canaletto (Antonio Canal), italienischer Maler und Radierer des 18. Jhdts.

„Nationalistischer" Außenseiter

Davon konnte ich mich mehrfach überzeugen, nachdem ich eine Sammlung von Einzelinterpretationen mit dem provozierenden Titel > Zwei deutsche Literaturen? < 1977 veröffentlicht hatte. Aufgrund von Beispielen demonstrierte ich Ähnlichkeiten und Annäherungen in Texten west- und ostdeutscher Literaten mit der Absicht, Abgrenzungs- und Dominanzansprüche von DDR-Kulturfunktionären zu problematisieren bzw. einzuschränken[60]. Weil das Gros westdeutscher Germanisten den marxistischen Thesen wohlwollend bis zustimmend folgte, zog ich den Verdacht des Nationalismus auf mich, der in Ostdeutschland für Indizierung des Bändchens sorgte, während es im westlichen Ausland wohlwollend aufgenommen wurde.

Dass meine deutschen Kollegen überwiegend die Festigung und Eigenständigkeit der DDR befürworteten, zeigte nicht zuletzt ihre Intoleranz im wissenschaftlichen Diskurs. Anfang der achtziger Jahre konstituierte sich ein > Arbeitskreis Literatur und Germanistik in der DDR <, an dem ich mehrmals teilnahm. Anlässlich einer Tagung über „Probleme deutscher Identität" referierte ich über Franz Fühmann[61], der in sowjetischer Kriegsgefangenschaft zum antifaschistischen Dichter ausgebildet worden war, doch schon bald seine Auftragsarbeit als Folge einstiger Unterwerfung diagnostizierte und entschieden zurückwies. Dies missfiel nicht nur den Ostfunktionären, sondern auch einigen westdeutschen Bewunderern des DDR-Staates, die deshalb vor Beginn meines Vortrags den Sitzungssaal verließen.

Nach langer, offensichtlich als nationale Strafaktion verstandener Wartezeit fand 1985 erstmals im Nachkriegsdeutschland der Internationale Germanisten – Kongress unter Leitung des Göttinger Professors Albrecht Schöne mit dem Thema „Kontroversen, alte und neue" statt, der für mich Überraschungen bis Irritationen enthielt. Da im Rahmen des Arbeitskreises „Vier deutsche Literaturen?" der Ostberliner Kollege Horst Haase die „Spezifik der Literatur der DDR" zu demonstrieren beabsichtigte, lud man mich zum Kontroversreferat ein, wofür ich den po-

---

60 Eberhard Mannack: > Zwei deutsche Literaturen? < Kronberg/Ts. 1977.
61 Franz Fühmann, Dichter.

lemischen Titel „Konvergenzen in der jüngeren Literatur der Bundesrepublik und der DDR" wählte. Damit zielte ich auf die von Marxisten vehement bekämpfte „Konvergenztheorie". Haases Exposé basierte auf Darstellungen des Faschismus in jüngeren Texten der DDR; da ich mich damit des längeren beschäftigt und erstaunliche Parallelen zu BRD-Dichtungen konstatiert hatte, erklärte ich mich bereit und erstellte meinerseits ein Exposé für den Kontrahenten. Im Vortragssaal drängten sich die Hörer, wurden aber wie ich überrascht, weil Kollege Haase nicht vom Faschismus, sondern von Christa Wolfs[62] > Kassandra < sprach. Nachdem ich mein angekündigtes Referat gehalten hatte, entspann sich eine recht aggressive Diskussion über Haases eigenwilliges Verhalten[63].

Ein Gespräch mit ihm unter vier Augen machte mich fassungslos. Er stimmte nicht nur meiner Gegenthese völlig zu, sondern zählte weitere Beispiele für Konvergenzen auf, die ich aus Zeitmangel nicht hatte berücksichtigen können. Angesichts dieser Posse erbat ich von Kurt Böttcher, Professor an der Humboldt-Universität und Verlagslektor[64], den ich von Polen her kannte, Auskunft über die Motive, die er mir prompt lieferte. Haase gehörte dem Gesellschaftswissenschaftlichen Institut an, das direkt dem Politbüro unterstellt war und ein Ausweichmanöver befohlen hätte. Resigniert fügte er hinzu, dass der Staat permanent zur Doppelzüngigkeit zwinge, doch die dafür unerlässlichen Psychotherapeuten verweigere.

Am Ende des umfangreichen Kongresses fand die Wahl des Ortes für das nächste Treffen 1990 statt, wobei Tokio und Leipzig die Alternativen bildeten. Professor Claus Träger[65], der als Hardliner im ideologischen Zwist aus Prestigegründen für Leipzig entschieden warb, unterlag schließlich der Mehrheit. Das überraschte mich nicht, weil ich Vorbehalte

---

62 Christa Wolf, Dichterin, galt als repräsentativ für die Literatur der DDR.
63 Horst Haase, Prof. für deutsche Literatur am Gesellschaftswissenschaftlichen Institut in Ostberlin. Sein Thema lautete: > Zur Spezifik der Literatur der DDR <, S. 72-76.- Mein Referat lautete:> Konvergenzen in der jüngeren Literatur der Bundesrepublik und der Deutschen Demokratischen Republik < S.77-83. In: Akten des VII. Internationalen Germanisten-Kongresses Bd. X, Tübingen 1986.
64 Kurt Böttcher, Prof. für deutsche Philologie und Chef-Lektor im Verlag Volk und Wissen, Ostberlin.
65 Claus Träger, Prof. für deutsche Philologie in Leipzig.

selbst einiger DDR-Kollegen gegenüber der autoritären Haltung des fragwürdigen Vertreters kannte. Einige davon rieten mir sogar zum Votum für Tokio, doch Leipzig lag mir näher. So opferte ich der Bequemlichkeit meine ideologische Festigkeit.

Auf einem Privatspaziergang in Polen deutete mir Kurt Böttcher an, ob eine Einladung nach Kiel möglich wäre, da er zur Werbung für die offizielle große Literaturgeschichte der DDR eventuell die Bundesrepublik bereisen könne. Das Kieler Rektorat erklärte sich sofort bereit, und ich sandte ihm umgehend ein angemessenes Schreiben. Ein Termin wurde vereinbart, musste aber dreimal verschoben werden, weil er noch kein Visum erhalten hatte. Dann endlich teilte er telegraphisch mit, dass er zu einem bestimmten Termin im Hauptbahnhof Kiel ankommen werde, was mich deshalb überraschte, weil er mit Rücksicht auf eine eben vorgenommene Bruchoperation sein Auto benutzen wollte. Von mir deshalb befragt, machte er mich auf mein Verschulden aufmerksam. Ich hatte aus taktischen Gründen mitgeteilt, dass meine Universität die Hin -und Rückfahrt Berlin – Kiel in der ersten Klasse bezahlen werde. Als er bereits mit gepacktem Auto bei der Visa – Behörde anlangte, übergab man ihm eine Fahrkarte der Reichsbahn mit der Auflage, den von mir überreichten Westmarkbetrag dem Amt sogleich auszuliefern. Meine Überraschung konterte er im militärischen Tonfall mit der Parole: „Merke! Im Mittelpunkt des Sozialismus steht der Mensch – sofern er Devisenbringer ist."

Dem in Bad Godesberg ansässigen Arbeitskreis war es damals gelungen, junge DDR-Schriftsteller zu Lesungen und Gesprächen einzuladen. Ihre Förderung verdankten sie allesamt Franz Fühmann, der Manuskripte für einen Sammelband im Hinstorff-Verlag redigierte. Nachdem er wie angeordnet dem Kulturministerium einen Leitzordner mit qualifizierten Texten zukommen ließ, erhielt er zur Antwort, dass man nun Material von Dissidenten zuverlässig zwischen zwei Pappdeckeln zur Verfügung habe. Fühmann zeigte sich tief betroffen. Er kam zu einer vorzüglichen Lesung nach Kiel und sprach außerordentlich offen über die Misere in der DDR, der er sich bald danach durch ein asketisches Eremitendasein endgültig entzog. Darauf deutete er in einem letzten Brief an mich aus dem Krankenhaus hin.[66] Unsere Frage an die in Godesberg anwesenden Nach-

---

66 VEB Hinstorff-Verlag, galt als relativ liberal. Handschriftlicher Brief aus Berlin, Strausberger Platz 1 vom 2.6.1984.

wuchsautoren nach ihren Perspektiven in der DDR beantworteten sie lapidar mit den Worten: „Diesen Staat muss man einfach totlachen!" Das geschah in einer Zeit, als westdeutsche Parteien ernsthaft über die Anerkennung einer eigenen Staatsbürgerschaft dieses Systems parlierten.

Schon vorher hatten sich Erich Loest und Hans Joachim Schädlich[67] zutiefst kritisch über die gesamten Verhältnisse geäußert – im Unterschied zum Literatur-Funktionär Hermann Kant, den Buchhändler Cordes eingeladen hatte. Kant praktizierte Doppelzüngigkeit zum Wohle der DDR mit überraschender Dreistigkeit. In der öffentlichen Diskussion bestritt er entschieden Unterdrückungsmaßnahmen gegen seine Ostkollegen, doch im anschließenden Privatgespräch bat er Cordes, Grass´ deutliche Parteinahme für Schädlich zu bremsen, weil letzterer sonst mit Schwierigkeiten rechnen müsse. Daher konnten mich schäbige Rechtfertigungsversuche in Kants nach der Wende publizierter Autobiographie nicht mehr überraschen.[68]

Einen weiteren DDR-Kollegen lernte ich durch meine ans Institut gebundene Mitwirkung in der Jury für die Verleihung des Thomas-Mann-Preises der Hansestadt Lübeck kennen. Mir fiel eine Außenseiterrolle insofern zu, als ich im Unterschied zu allen anderen Juroren nur den Status eines ad hoc Delegierten besaß. Die Folgen davon musste ich gleich in der ersten Sitzung erfahren. Um einen möglichst bestqualifizierten Kandidaten überzeugend vorschlagen zu können, hatte ich recht intensiv neuere bis aktuellste poetische Texte studiert und in Beratungen mit meinen Kollegen evaluiert. Schließlich einigten wir uns auf den DDR-Schriftsteller Günter de Bruyn[69], der sich schon bald von vorgegebenen Modellen löste und dank einer sublimen Ironie Texte von menschlicher wie poetischer Qualität schuf. Zu spät bemerkte ich in der ersten Sitzung, dass Absprachen stattgefunden hatten, gegen die kein Kraut gewachsen war, weil sie Deutschlands Literaturkritiker-Papst Marcel Reich-Ranicki initiiert hatte. Indem er meine Arbeiten über den Barockdichter Andreas Gryphius lauthals würdigte, sollte ich als Fachidiot aus dem Rennen geworfen werden. Nur dank entschiedenen Eingreifens des Lübecker Bürgermeisters konnte ich einige Argumente zusammenhängend artikulieren.

---

67 Erich Loest, Hans Joachim Schädlich, Dichter.
68 Hermann Kant, Dichter und Vorsitzender des DDR-Schriftsteller-Verbandes. Dogmatiker.
69 Günther de Bruyn, Dichter.

Schließlich unterlag aus diversen Motiven anderer Teilnehmer mein Favorit, der freilich in einem späteren Verfahren den Preis gewann; vorher hatte ihn Marcel selbst erhalten. Erst im Nachhinein erfuhr ich, dass de Bruyn den höchstdotierten Nationalpreis der DDR abgelehnt hatte. Mein Posener Kollege kritisierte entschieden unsere Devotion gegenüber dem Chefkritiker, dessen Agieren selbst polnische Dogmatiker eingeschränkt hätten, und bot mir Belastungsmaterial an. Ich entschuldigte mich mit den Worten, dass ich einer kollektiven Verdammung damit schwerlich entgehen würde.

Die Verbindung mit Posen ebenso wie mit Universitäten in Dänemark leitete sich aus offiziellen Verträgen der Kieler Universität her und sorgte für zunehmende Begegnungen im Rahmen des Lehrbetriebs. Norwegen jedoch hatte sich aus verständlichen Gründen westwärts orientiert und vor allem die USA und England bevorzugt, signalisierte jedoch nun auch Interesse am westdeutschen Universitätsleben. Das Auswärtige Amt versprach rasch Förderung und favorisierte die Entsendung eines Literaturwissenschaftlers. Ich erklärte mich bereit, nahm Kontakt mit einem Kollegen in Oslo auf und musste mich belehren lassen, dass nicht nur die leicht erreichbare Hauptstadt dank einer Fähre mich erwartete, sondern auch die Universitäten Trondheim, Bergen und Tromsø Bedarf anmeldeten. Meine Bitte, mir dann auch Bahn-Tickets für die Weiterreise zu besorgen, erntete Gelächter. Wir Europäer hätten offensichtlich keine Ahnung von den Dimensionen des skandinavischen Landes, weil die Eisenbahn bereits in Narvik ende und bis Tromsø ein Postschiff abgewartet werden müsse. Man war also zum Fliegen gezwungen, daher bestellte ich zwei Tickets, da man mich mit Frau eingeladen hatte. In unserem Osloer Hotel fragte mich ein Deutscher, ob ich auch schon den Bierschock hinter mich gebracht hätte; ein kleines Pils in einer Eckkneipe habe ihn zwölf Mark gekostet.

Die Fahrkarte meiner Frau musste ich selbst bezahlen, und so fürchtete ich eine massive Verarmung, bis ich erfuhr, dass auf norwegischen Fluglinien für Begleiter hohe Preisnachlässe gewährt würden. Die erste private Einladung ließ uns das Preisniveau erahnen. Unsere auf dem Schiff verbilligt erworbenen Cognac-Flaschen lösten als Gastgeschenk einen Sturm der Begeisterung aus- gemischt mit Bedenken, ob man diese Luxusgabe überhaupt annehmen dürfe. Wir wiederum fanden überaus witzig, dass wir in einem Antialkohol-Hotel untergebracht und daher zum zweifachen Schmuggeln gezwungen waren, weil wir die Flaschen ja zum Besuch der Kollegen wieder mitnehmen mussten. Verabschieden durften wir uns erst, als die zwei Liter ausgetrunken waren. Noch mehr Überraschungen hielt Tromsø – vierhundert km nördlich des Polarkreises gelegen – bereit. Wir erreichten es Mitte September gegen dreizehn Uhr beim fahlen Licht des beginnenden Sonnenunterganges und wurden freudig begrüßt, weil wir den Sommer mitgebracht hätten. Im August seien niemals vier Grad überschritten worden und nun zeige das Thermometer sogar elf Grad an. Die kargen Birkenbäumchen leuchteten goldgelb, umgeben von einer dünnen Wasserfläche oberhalb des gefrorenen Erdbodens. Nur Ureinwohner, so betonte man, können dies auf Dauer ertragen. Bei der Rückkehr nach Kiel erschien uns die nördlichste Universitätsstadt als mediterrane Oase. Mein Besuch war erfolgreich, da in der Folgezeit regelmäßig zwischen Oslo und Kiel wissenschaftliche Kolloquien stattfanden.

Vorträge für ein weiteres Publikum

Diese doch recht arbeitsintensiven Dienstreisen konnte ich mir erst erlauben, nachdem ein dritter Lehrstuhlinhaber für unser Institut gewonnen werden konnte, Klaus Detlev Müller, der an einer gesamtdeutschen Ausgabe von Bert Brecht mitarbeitete[70]. In den meisten Fällen wurde vorausgesetzt, dass die Vorträge sich an der jeweiligen Zielgruppe orientierten und damit eine Breitenwirkung erzielten, die dem Ansehen der Universität in Hinsicht auf allgemeine Bildung dienen sollte. Seit langem existiert in Schleswig-Holstein eine Universitäts-Gesellschaft, die in zahlreichen Orten verankert ist. Die Lehrenden schlagen möglichst aktuelle Themen des jeweiligen Faches vor und werden dann von Sektionsleitern eingeladen. Dass mein Fach besonders gefragt war, konnte nicht überraschen, doch die Reaktionen fielen von Jahr zu Jahr unterschiedlich aus. Weil Grass' > Blechtrommel < teilweise als obszön und blasphemisch attackiert wurde, bemühte ich mich um eine differenziertere Rezeption. Dies gelang nicht durchweg und gipfelte im extremen Vorwurf, dass in der ehrwürdigen alma mater zunehmend Schweinereien bevorzugt würden. Übrigens konnte ich schon bald bei einer neuen Studentengeneration nach den 68er-Unruhen beobachten, wie bei einigen vorsichtig ausgewählten Textpartien doch manche schamvoll nach unten blickten.

Ein recht extravagantes Publikum erwartete mich in einer Vortragsreihe nach meiner Emeritierung 1993. In der letzten offiziellen Sprechstunde trug eine reizende junge Dame eine Bitte um literarische Belehrung in einem privaten Kreis vor, zumal ich jetzt doch beschäftigungslos sei. Sie stellte sich als Gräfin von Thun-Hohenstein[71] vor, die im Kavaliershaus des Schlosses Salzau mit ihrer Familie wohnte. Das Schloss selbst gehört dem Land Schleswig-Holstein und wird vor allem für kulturelle Begegnungen – u.a. für das regelmäßig stattfindende Musikfestival genutzt. Für meinen Vortrag hätte ich Vertreter des holsteinischen Landadels zu erwarten, die im Sommer ihre land- und forstwirtschaftlichen Arbeiten auf verstreuten Gutshöfen leisteten, doch in öder Winterszeit einer Abwechslung bedürftten.

---

70 Klaus Detlev Müller, Prof. für deutsche Philologie.
71 Graf und Gräfin Thun-Hohenstein. Salzau/Holstein.

Beim Stichwort Landadel assoziierte ich Witze über dessen Bildungslücken und erklärte mich zu einem Testversuch bereit, der einem Roman gelten sollte. Sie bat daraufhin um mehrere Vorschläge, um sich zu entscheiden. Das Resultat flatterte mir in Form einer feierlichen Einladung ins Haus, mit der „Graf und Gräfin zum Literaturabend unter Leitung von Prof. Dr. Mannack ins Kavaliershaus Salzau baten", und das mit sechs über den Winter verstreuten Terminen. Sie hatte vom > Werther < bis zu den > Buddenbrooks < sogleich alle Alternativ-Vorschläge vereinnahmt.

Ich reiste zu einer Werther-Interpretation an und war finster entschlossen, mich damit auch gleich zu verabschieden. In einem Saal hatten sich etwa fünfunddreißig Personen unterschiedlichen Alters versammelt, die aufmerksam lauschten und danach eine längere Diskussion bestritten. Sie verriet genaue Textkenntnis und rekurrierte zuweilen auf wissenschaftliche Forschungsliteratur. Mein Lob für ein Interesse, das ich selbst bei fortgeschrittenen Seminarteilnehmern zuweilen vermisste, verband ich mit Fragen nach ihren Motivationen. Sie verwiesen auf beachtliche Privatbibliotheken auf den Gutshöfen und besaßen oft Kontakte mit Angehörigen aus unterschiedlichen Fakultäten, die eigentlich auch eine Einladung erwarteten. Der Graf selbst hatte in Geschichte promoviert und die Gräfin Vorlesungen besucht. Der Jurist Malte Frantz[72] teilte die musikalische Begabung der bekannten Familie und lockerte die Begegnungen mit Tonbandraritäten auf. Beiträge eines Mediziners zu > Goethes Wahlverwandtschaften < führten meinerseits anfänglich zur Verblüffung, weil der Autor geradezu idealtypisch am Beispiel der Heldin Ottilie die Magersucht beschrieben habe. Mein Vorurteil verschwand und ich absolvierte auch noch die weiteren angekündigten Abendveranstaltungen. Als die Hörerzahl ständig stieg, war ich eitel genug, im folgenden Winter meine Auftritte fortzusetzen mit dem Resultat, dass ich weitere acht Winterhalbjahre Interpretationen von Texten seit der Barockzeit vortrug. Die Vorbereitungen waren recht arbeitsintensiv, weil ich nicht Vorlesungen reproduzierte, sondern zielgruppenorientiert verfuhr. Die Vorträge stellten einen Ausnahmefall dar, weil neben interessierten Laien auch Kollegen aus der Universität kritisch-aufmerksam zuhörten.

Weitere öffentliche Auftritte sorgten für eine gewisse Routine und waren leichter zu bewältigen. In den Vorstand der Kieler Goethe-Gesell-

---

72 Malte Frantz, Landgericht Kiel.

schaft war ich als wissenschaftlicher Berater gewählt worden, weil ich zahlreiche Fachkollegen persönlich kannte. Die Institution befand sich zunächst in einer bedauernswerten Lage der Überalterung oder wegen des durch die Turbulenzen der Zeit entstandenen Desinteresses und wurde zweifellos gerettet dank intensiver Bemühungen des Gymnasialdirektors Wolfgang Butzlaff[73] und seines verblüffenden Einfalls. Er startete eine Reihe mit dem Titel > Kennen Sie Goethe? < und konnte meist bekannte Vertreter unseres Faches gewinnen. Der Zustrom wuchs rasant, so dass teilweise aus baupolizeilichen Gründen Interessenten nicht mehr eingelassen werden konnten. Eine mir später übertragene Veranstaltung fand ich besonders repräsentativ für Tendenzen, die leider bis heute an Brisanz nicht verloren haben. 1999 wartete das Kieler Theater mit einer Neuinszenierung von Goethes > Iphigenie < auf, über die unter meiner Leitung diskutiert werden sollte. Die Aufführung selbst fand ich völlig misslungen, weil die Regie das Werk offensichtlich für antiquiert hielt und deshalb auf bereits strapazierte modernistische Effekte nicht verzichten zu dürfen glaubte. Den Eingangsmonolog hauchte Iphigenie in den Sand eines von Badekabinen umzingelten Strandes, aus denen Ärzte in ernster Betrachtung von Röntgenaufnahmen heraustraten. Ähnliche Ungereimtheiten wiederholten sich; u.a. schleuderte man Schuhe oder eine Melone in den Sand, die hörbar in Einzelteile zerplatzte.

Nach dieser ereignisreichen Darbietung zog ich meine Zusage, die Diskussion zu moderieren, zurück; da sie aber mit Namen auf Plakaten angezeigt worden war, bot der Vorsitzende an, die Moderation zu übernehmen, wenn ich meine Bedenken offen äußern wollte. Im Foyer des Opernhauses hatte sich eine beträchtliche Zahl von Teilnehmern versammelt, darunter viele Schüler. Als die Verantwortlichen mit dem Argument konterten, dass das Werk nur so Jugendlichen nahe gebracht werden könne, protestierten diese lautstark und brachten dank überzeugender Aussagen ihre „Lehrmeister" rasch in Verlegenheit. Vergleichbares hatte ich vorher schon in einer Debatte der Hermann-Ehlers-Akademie[74] erfahren, die dank des Charmes von August Everding[75] friedvoll endete.

---

73 Wolfgang Butzlaff, langjähriger Vorsitzender der Kieler Goethe-Gesellschaft, Gymnasialdirektor und Autor.
74 Hermann-Ehlers-Akademie, CDU-nahe Stiftung in Kiel.
75 August Everding, Regisseur und Theaterleiter in München.

Für eine besonders intensive Kommunikation über aktuelle Literatur sorgte zudem der Kieler Buchhändler Eckart Cordes[76], dem seit langem gelang, namhafte Schriftsteller zu Lesung und Diskussion einzuladen. Er bat mich um Vorschläge , auch weil er an DDR-Literatur interessiert war. Im Anschluss an die offizielle Präsentation lud er einen kleinen Kreis in ein Restaurant ein, in dem man dann Überraschendes erfahren konnte. Kurz nach ihrer Ausreise berichtete Sarah Kirsch[77] eindrucksvoll von Schikanen in der DDR, denen auch ihr Sohn u.a. im Schulunterricht ausgesetzt war, verschwieg aber nicht die bange Frage, ob sie mit Lyrik in der Bundesrepublik finanziell überleben könne. Das Ehepaar Fühmann demonstrierte ungewollt, wie stark sie von der Mangelwirtschaft ihres Staates geprägt waren. Im Restaurant warteten sie auf die Zuteilung eines Tisches und erstaunten sodann, dass der servierte gebackene Camembert auch noch mit allen Beilagen versehen war.

Amüsiert erinnere ich mich an Auftritte H. C. Artmanns[78], der verspätet eintraf und während seiner faszinierenden Lesung am Pult mehrfach gestützt werden musste, sowie an Hans Werner Richter[79], wenn er leidenschaftlich schimpfte, weil Heinrich Böll in der Nobelpreis-Rede mit keinem Wort der Gruppe 47 gedacht hatte. Als ich Uwe Johnson[80] erzählte, dass ich auf ein Mittagessen verzichten musste, weil meine Frau sich weigerte, die Lektüre der eben erschienenen > Mutmaßungen < zu unterbrechen, versprach er Wiedergutmachung bei der nächsten Begegnung, die leider nicht mehr zustande kam.

Der Auftritt von Hans Mayer[81] folgte an der Tafel des Kieler Schlossrestaurants einem Zeremoniell, dem sich zu entziehen einer Majestätsbeleidigung entsprach. Neben ihm war ein Stuhl placiert, auf den der Meister jeweils für einige Minuten einen Gesprächspartner herbeirief. Seinen Bannstrahl traf, wer es wagte, sich dabei einem weiteren Teilneh-

---

76 Eckart Cordes, Buchhändler, der bedeutende Schriftsteller zu Lesungen regelmäßig einlud.
77 Sarah Kirsch, Dichterin.
78 H.C.Artmann, österreichischer Dichter.
79 Hans Werner Richter, Dichter und Organisator der Gruppe 47.
80 Uwe Johnson, Dichter, rezipierte die literarische Moderne, thematisierte die deutsche Teilung in den > Mutmaßungen über Jakob <.
81 Hans Mayer, Prof. für deutsche Philologie, Autor und Kritiker im Kreis der Gruppe 47.

mer der Tafelrunde zuzuwenden. Eine schauspielerische Glanzleistung stellte sodann die Reaktion auf die Frage nach seiner Meinung über Reich-Ranicki dar – ohne Worte wischte er mit seiner Serviette die Tischplatte unmittelbar vor sich sauber. Mit Ironie aber konnte ich nur einer Bemerkung über meine Frau begegnen, von der er behauptete, sie habe in Leipzig als Studentin ihm in der ersten Reihe gelauscht. Sie war nachweisbar nie in Leipzig gewesen, was meinen Glauben an die Authentizität seiner eben vorgestellten Autobiographie ein wenig einschränkte.

Schließlich seien noch meine Kontakte mit Günter Grass erwähnt, dem ich einen Sonderdruck meines Beitrags > Oskars Lektüre < in der Festschrift für Leonard Forster[82] zusandte. Er antwortete kurz nach einer Reise mit einem freundlichen Schreiben, das hier erstmals publiziert wird[83].

„Lieber Herr Mannack,

mit Vergnügen und Gewinn habe ich Ihren Aufsatz „Oskars Lektüre" gelesen, so dass ich Ihre Nachweise nur bestätigen kann. Allgemein ließe sich natürlich ableiten, welch prägende Kraft frühe - und oft genug zufällig greifbare – Lektüre für spätere Phasen ist und bleibt, zumal ja in keinem Alter – wie gerade während der pubertären Phase – wieder so intensiv gelesen, und das heißt auch, intensiv missverstanden wird.

Übrigens vermisste ich in Ihren Funden „Köhlers Flottenkalender", auch wenn diese Lektüre weniger bei Oskar Matzerath, umso mehr in „Katz und Maus" Folgen gehabt hat.

Leonard Forsters Besuch in Wewelsfleth war ein allseitiges Vergnügen. Hoffentlich kommt er bald wieder in unsere Gegend

Freundliche Grüße

Ihr Günter Grass."

Zu einem späteren Zeitpunkt sprach ich nach einem Besuch in Posen Grass an, dem die dortige Universität den Ehrendoktor verliehen hatte und nun eine Grass–Ausstellung vorbereitete. Dabei zeigte sich, dass sie

---

82 Leonard Forster, Prof. für deutsche Philologie in Cambridge. Direktor des Kings-College. Berater und Übersetzer von Grass.
83 Günter Grass, Brief aus Berlin-Friedenau vom 15.9.1982. Text in Schreibmaschine, Unterschrift von Hand. Dem Autor danke ich für die Zustimmung zum Abdruck.

aus Geldmangel u.a. illustrierte Ausgaben oder Graphiken nicht berücksichtigen konnten. Durch diese Mitteilung hoffte ich auf Unterstützung des Autors.

Weiterhin erwartete man meine regelmäßige Teilnahme an einem exklusiven Symposium, das bereits in den dreißiger Jahren entstand und maximal fünfzehn Professoren aus allen Fakultäten umfasste. Voraussetzung für weitere Aufnahmen war Einstimmigkeit. Das Gremium[84] diente der besseren Verständigung zwischen teilweise sehr unterschiedlichen Fächern ebenso wie einer Erweiterung des Fachwissens durch Referate über neueste Forschungen in den jeweiligen Disziplinen. Besonders beeindruckten mich Erfolgsbilanzen des Leukämie-Experten Hartmut Löffler, die er am Beispiel einer schwerkranken Patientin demonstrierte. Vor rund fünfundzwanzig Jahren betrug ihre Überlebenschance maximal zwölf Wochen; nun aber habe sie einen gesunden Knaben geboren. Der Leiter des Weltwirtschaftsinstituts Herbert Giersch beriet Helmut Kohl[85] in Fragen der Euroeinführung, pries die Vorteile und warnte vor übertriebenen Ängsten. Dass im Räderwerk wirtschaftlicher Entwicklungen psychologische Aspekte eine erhebliche Rolle spielten, verriet seine Reaktion auf meinen Vortrag über Endzeitvorstellungen in der jüngsten Literatur. In den Diskussionen meldeten sich nahezu alle zu Wort, so dass der Facettenreichtum des Diskussionsthemas evident wurde.

Die Sitzungen fanden im Hause des jeweiligen Referenten statt (Abb. 10, S. 113 oben) und endeten mit einem von der Ehefrau bereiteten Gastmahl. Da alle Damen eine akademische Ausbildung genossen hatten, wünschten sie eine regelmäßige und gleichberechtigte Beteiligung, die

---

84 Das Gremium >Symposion<: Hartmut Löffler, Prof. für Leukämie. Herbert Giersch, Prof. für Wirtschaftswissenschaften und Direktor des Instituts für Weltwirtschaft. Weitere Vertreter: Hermann Wegener, Prof. für Psychologie. Friedhelm Debus, Prof. für deutsche Philologie. Jürgen Becker, Prof. für evang. Theologie. Hans Hattenhauer, Prof. für Rechtsgeschichte. Kurt Hübner, Prof. für Philosophie. Rainer Kollmann, Prof. für Biologie. Cay Langbehn, Prof. für Agrarwissenschaft. Werner Paravicini, Prof. für Geschichte. Gerhart Priesemann, Prof. für Pädagogik. Prof. Jürgen Wawersik, Direktor des Univ.-Klinikums, Anästhesist. Volker Weidemann, Prof. für Astronomie. Burkhard Wiechens, Prof. für Augenheilkunde. Jörn-Henning Wolf, Prof. für Geschichte der Medizin.
85 Helmut Kohl, Bundeskanzler.

gewährt wurde, aber teilweise wegen Verdoppelung der Sitzgelegenheiten Probleme aufwarf.

Schied ein Kollege aus, sollte durch Nachwahl die Lücke geschlossen werden. Dieser erfreuliche Austausch gelang freilich immer seltener, da durch den Wandel im Universitätsbereich wie im familiären Leben eine kontinuierliche Fortsetzung sich von selbst erledigte. Litten die Professoren zunehmend unter dem Druck neuer Anforderungen, lebten sie öfter auch getrennt von ihren Ehefrauen, die bei einem Ortswechsel nicht auf ihre berufliche Tätigkeit verzichten wollten. Deshalb wird leider noch in diesem Jahr das interessante Symposion enden.

Neben diesen als selbstverständlich erwarteten Nebentätigkeiten durfte freilich mein amtliches Hauptgeschäft nicht vernachlässigt werden. Um mich von einer wachsenden Verwaltungsarbeit etwas zu entlasten, bat ich gleich anfangs um die Zuteilung einer Oberassistentenstelle, wie ich sie selbst in Berlin innehatte. Die Verhandlungen im Ministerium gestalteten sich schwierig; schließlich erhielt ich aber eine Zusage, u.a. weil das Fach Germanistik an zwei eigenen Instituten angesiedelt war. Dadurch wurden zahlreiche Kooperationen erforderlich, darunter die Abstimmung von gemeinsamen Prüfungen. Die bewährteste Person fand ich in Frau Böttcher[86], die nicht nur intensiv Germanistik studierte, sondern bereits wissenschaftliche Publikationen vorgelegt hatte. Ihre vielfache Kompetenz nährte einen Arbeitseifer, der jeden Gewerkschaftsfunktionär in Rage versetzt hätte. Der Kanzler hat uns deshalb mehrmals einbestellt, bis er selbst unsere Kapitulation stillschweigend tolerierte.

Die Teilnahme an Konsistoriums- und Fakultätssitzungen konnte ich lange Zeit nicht delegieren – ich war „geborenes Mitglied". Für das Konsistorium sah die Verfassung Öffentlichkeit vor, von der die Studenten in turbulenter Zeit in fragwürdiger Form Gebrauch machten. Hier bewährte sich das originelle Geschick von Hermann Schmitz[87], der durch konventionelle Anredeformeln störende Zwischenrufer verblüffte. Mich erstaunte öfter, wie rasch sich Kollegen trickreiche Reden und taktische Verfahren angeeignet hatten, um ungewisse Abstimmungen zu torpedieren. Ich war einmal davon tangiert. Weil mein Name in den Zuschauerrängen

---

86 Irmgard Böttcher, Studienberaterin für deutsche Philologie.
87 Hermann Schmitz, Prof. für Philosophie. Leiter des Konsistoriums der CAU-Kiel.

gefallen war, sah man darin eine ernste Bedrohung und verließ geschlossen die Sitzung.

Die philosophische Fakultät, der es gelungen war, die gravierende Umwandlung in Fachbereiche zu verhindern, indem sie einen Namensaustausch vornahm, drängte mich zur Kandidatur als Dekan. Dem konnte ich mich lange entziehen, zumal die Studentenzahl meines Faches die der gesamten juristischen Fakultät überstieg. Eine vorzeitige Berufung jedoch katapultierte mich dann doch in das Amt. Mir ging es um Arbeitsverkürzung und Straffung der Debatten, was nur anfangs irritierte. Am Ende votierte man für meine Wiederwahl, die ich natürlich ablehnte.

Den Vertretern der Fakultät kann ich bestätigen, dass sie mit Sorgfalt und Verantwortlichkeit Entscheidungen fällten, nicht zuletzt bei der Endbewertung akademischer Examina. Dass zuweilen Debatten stattfanden, die ich als possenhaft empfand, sei nicht zu leugnen. Dazu gehörten u.a. stundenlange Erörterungen über akademische Anredeformen bzw. Bezeichnungen unter Vermeidung machohafter Allüren. Sollte es „Studentinnen und Studenten" oder „Student/Innen" oder ähnlich heißen, um der Emanzipation größere Geschwindigkeit zu verleihen, lautete die gutachterlich konsenslose Frage. Ich unterdrückte den Vorschlag „akademische Weibchen und Männchen", um das ohnehin reduzierte Selbstwertgefühl unterbelasteter Außenseiter nicht weiter zu lädieren, und vertiefte mich in die Lektüre eines unauffälligen Reclam- Bändchens. Gegen Ende meiner Amtszeit baten Studenten um eine würdigere Verabschiedung nach Doktor- und Magisterprüfung. Um dem Vorwurf des „Talarmuffs" zu begegnen, teilten wir in einem engen Raum rasch die Ergebnisse mit. Das fand die neue Generation unwürdig, und die Fakultät verlegte fortan die Verkündigung in den Dachgarten des Hochhauses.

Politische Turbulenzen wegen zweier problematischer Ministerpräsidenten des Landes Schleswig-Holstein führten zum Machtwechsel zugunsten der Sozialdemokraten. Davon wurde die Universität erheblich tangiert, wie ich schon nach kurzer Zeit erfahren musste. Für unser Institut standen zwei Neuberufungen an, die wie vorgeschrieben von einer Kommission nach öffentlicher Ausschreibung in Form einer Listenplacierung entschieden bzw. vorgeschlagen wurden. Darüber befand sodann das Kultusministerium in letzter Instanz, wobei mögliche Einwände durch Rückfragen in der Universität erörtert werden konnten. Um sicher zu gehen erbat ich vom zuständigen Staatssekretär entsprechende Informationen, die er sogleich versprach. Da sie ausblieben, durfte ich wie gewohnt einen Konsens unterstellen, bis ich fassungslos aus der Zeitung erfuhr, dass die Listen entschieden verändert wurden und die Berufungen bereits offiziell ergangen waren. Davon hatte man auch weder Rektorat noch Dekanat in Kenntnis gesetzt. Der Beschwerdeweg erschien deshalb als aussichtslos, doch ich meldete mich wenigstens öffentlich zu Wort in Form eines „Leserschreibens":

„Nützliche KN – Information. Zu den neuesten Uni-Berufungen.

Erst aus den Kieler Nachrichten erfuhr ich davon, dass das Kultusministerium zwei Kollegen an das Institut für Literaturwissenschaft in Kiel berufen hat. Als geschäftsführender Direktor bin ich für eine termingerechte Planung des Lehrangebotes verantwortlich. Darauf hatte ich das Ministerium ausdrücklich hingewiesen. Ich danke den Kieler Nachrichten dafür, dass sie mir bei der Erfüllung meiner Dienstpflicht geholfen haben.

Prof. Dr. Eberhard Mannack. Institut für Literaturwissenschaft."

Das Vorgehen der Ministerin[88], die offensichtlich interveniert hatte, spottete insofern jeder Beschreibung, als die dreizehn Mitglieder einschließlich der studentischen Vertreter die Listen einstimmig verabschiedet hatten und auf Sondervoten verzichteten. Aufgrund der neuen Placierung ging dem Institut eindeutig der beste Bewerber verloren und kam es zu Missverhältnissen, die bis heute nachwirken. Auch später verriet die Ministerin – immerhin die Ehefrau des als fortschrittlich geltenden Poeten Rühmkorf[89] aus Hamburg – ein defizitäres Demokratie-Verständnis, als sie beispielsweise Forschungsprojekte verordnete und deren Ergebnisse schon vorwegnahm. Dass sie schließlich bald scheiterte, erweckte zwar Genugtuung, konnte den angerichteten Schaden aber nicht mehr beseitigen.

Den Verdacht politischer Parteinahme kann ich insofern zurückweisen, als aus den Ministerien – unabhängig von wechselnden Machthabern – Urteile und Aktivitäten öfter für Verwirrung sorgten. Die Unterstellung von der „Frühvergreisung der Professoren" – da war ich Mittfünfziger – gab Anlass, die Emeritierung zum 65. Lebensjahr zu vollstrecken und die Option bis zum 68. Lebensjahr zu kassieren. Ich

---

88 Eva Rühmkorf, Ministerin für Bildung und Wissenschaft in Schleswig-Holstein.
89 Peter Rühmkorf, Dichter.

empfand es als Gewinn für mich, errechnete aber zugleich die damit für den Staat bzw. das Land entstehende zusätzliche finanzielle Belastung. Gerüchteweise erfuhr ich, dass dies den Zuständigen etwas später auch aufgefallen sei. Meine Amtspflichten freilich durfte ich in Hinsicht auf Examina noch sehr viel länger erfüllen.

Meine Frau und ich waren stets bemüht, unseren drei Kindern Halt in der Familie zu bieten, nicht zuletzt angesichts von Verwerfungen im menschlichen Umgang. In Kiel empfahl man uns das Wellingdorfer Gymnasium, dessen Rektor mit großem Geschick allen Widersetzlichkeiten getrotzt hatte. Wie wichtig ein regelmäßiger Kontakt für die Kinder war, musste meine Frau erfahren, als sie auf Drängen der Schulbehörde den Mangel an Mathematikstunden am Heinrich-Heine-Gymnasium zu reduzieren bereit war. Sie zeigte sich überaus erfolgreich, brach aber ungern die Beschäftigung ab, als sich unsere Kinder zurückzuziehen begannen und ausführliche Gespräche aufhörten.

Gemietet hatten wir ein Haus in Laboe mit herrlichem Blick auf die Ostsee, das wir nach drei Jahren verlassen mussten. Aus Rücksicht auf den Schulbesuch der Kinder blieben wir auf dem Ostufer und bezogen in Heikendorf / Möltenort einen Bungalow zu einem recht hohen Kaltmietenpreis. Der Nachbar zur Linken war Bankdirektor, der zur Rechten Sparkassenleiter; beide stimmten darin überein, dass wir stattdessen so rasch wie möglich Eigentum erwerben sollten. Wir fühlten uns im neuen Wohnbezirk außerordentlich wohl und warfen gierige Blicke auf ein unbebautes Grundstück, deren Besitzerin im Hinblick auf Inflationsraten nicht verkaufen wollte. Eine glückliche Wendung traf uns völlig überraschend. Zum Hausbau für eine Tochter benötigte die Nachbarin Geld und bot uns nun zu günstigen Konditionen das Grundstück in ihrer Nachbarschaft an, u.a. mit der Begründung, dass sie meine Frau für außerordentlich solide halte, weil sie keine Haushilfe beschäftigte und auf Butterfahrten möglichst billige Nahrungsmittel einkaufte. Wir sagten sofort zu, verzichteten schließlich auf ein Fertighaus und beauftragten einen mit uns befreundeten Architekten[90], Entwürfe für fünf Bewohner, eine permanent anwachsende Bibliothek und ein Arbeitszimmer vorzulegen. Meine Frau nannte ohne Scheu unsere magere Finanzbasis und brachte wichtige Kor-

---

90 Nachbarn luden uns regelmäßig zu Gesellschaften auch größeren Umfangs und beträchtlicher Dauer ein. Hans Jürgen Delz, Architekt, betreute den Bau unseres Hauses.

rekturen an. Die Gesamtkosten einschließlich Grundstück beliefen sich auf 335 000.- DM; davon waren durch Bausparvertrag lediglich 25 000.- DM angespart. Auch wenn das BHW günstige Kredite bot, bedeutete das ein Risiko, was der Bankdirektor durchaus vermerkte. Vor allem die Zwischenfinanzierung mit wechselnden Zinssätzen führte zu Engpässen mit der Gefahr, eine Bauruine verlustreich abstoßen zu müssen.

Dagegen half nur ein genaues Kalkulieren unter Ausnutzung aller Steuervorteile, derer ich mich nicht entziehen konnte. Geradezu genial meisterte meine durch Notzeiten geprägte Frau die überaus prekäre Situation, zumal die drei Kinder sich in der Ausbildung bis hin zum Studium befanden. Meine Frau zauberte regelmäßig aus Sonderangeboten Mahlzeiten, die nichts zu wünschen übrig ließen, und unsere Kinder beklagten sich keineswegs darüber, dass sie im Vergleich zu anderen Sprösslingen erhebliche Nachteile in Kauf nehmen mussten. Häusliche Fürsorge und ein Sinn für das „Gehörige" in allen Lebensbereichen hinderten sie offensichtlich an Eskapaden, die in Mode gerieten und bis heute Irritationen verursachen. So genannte günstige Geldangebote, die unsere Misere lediglich temporär verringert hätten, lehnten wir im Blick auf die Folgen einer Neuverschuldung ab. Unter Verzicht auf größere Privatreisen verbrachten wir den Urlaub am Ostseestrand gelegentlich mit Gästen unterschiedlicher Art. Zum 75. Geburtstag des Kollegen Trunz reisten wöchentlich prominente Germanisten an, die meine Frau stilvoll bewirtete. Als sie wieder einmal zur Tafel bat, suchte unser polnischer Freund die Gäste daran zu hindern, um die kunstvollen Gedecke nicht in Unordnung zu bringen. Diese Ausführungen sind aus aktuellem Anlass länger geraten und sollen angesichts einer katastrophalen Finanzkrise am Mikrokosmos eines Privathaushaltes demonstrieren, was für den Makrokosmos des Staates vielleicht partiell vernünftig sein könnte. Was steht unseren Kindern und Kindeskindern in Zukunft bevor? Angesichts offizieller Vorhersagen und Versprechen sind unsere Zweifel durchaus berechtigt.

Meine Schwester[91], die bereits Anfang der fünfziger Jahre nach Überlingen übersiedelte, holte mit Beginn der Verrentung unserer Eltern diese nach, ungeachtet von Bedenken, ob der endgültige Verlust von Haus und Garten besonders den Vater belasten werde. Nach einem Jahr fuhren sie noch einmal zurück; danach verkündete der Vater, dass er den Bodensee

---

91 Ilse Mannack, AOK-Angestellte Friedrichshafen.

vermisst habe und nicht mehr die alte Heimat besuchen wolle. Weil dort noch zahlreiche Verwandte lebten, folgten meine Frau und ich ihren Bitten, sie wenigstens öfter zu besuchen. Unsere Erfahrungen mit dem real existierenden Sozialismus deckten sich mit der endgültigen Absage des Vaters ungeachtet der liebevollen Aufnahme durch das Gros der Verwandten. Einige Begebenheiten mögen dies kurz belegen.

Mein Kollege an der Humboldt-Universität lud uns in sein Haus nach Schöneiche im DDR-Randgebiet von Berlin ein. Da wir dies mit einer Reise zu Verwandten und Freunden verknüpfen wollten, beantragten wir ein Visum für die DDR insgesamt. Es wurde bewilligt, und so bogen wir schließlich von der üblichen Transitstrecke nach Westberlin ab. Nur wenige Minuten später stoppte uns eine Volkspolizeistreife wegen des Verdachts einer illegalen Abweichung womöglich in feindlicher Absicht. Wir konnten dann aber die Fahrt fortsetzen. Bei unserer Ankunft drängte uns der Kollege zu einer raschen Registrierung an entsprechender Stelle und riet, lediglich Fragen kurz zu beantworten aus Rücksicht auf eine perfekt agierende Funktionärin. Weil wir auch mit Johannes Hempel[92], dem Landesbischof von Sachsen, einem alten Schulfreund, verabredet waren, wollten wir uns telephonisch ansagen, zumal die Verbindung zwischen Orten innerhalb der DDR bestand. Sie brach trotzdem nach kurzer Zeit zusammen, doch wir konnten einen Termin vereinbaren. Dass die Autobahn Berlin-Dresden Jahrzehnte hinter sich gebracht hatte, signalisierten Schlaglöcher und gelegentlich auch Warnschilder. An der Einfahrt Dresden kontrollierten zwei Polizisten, die auch Orientierungshilfe leisteten und auf einen Verkehrspolizisten verwiesen. Als der uns entdeckte, winkte er uns sofort zur Seite, kontrollierte die Papiere und warf uns illegale Einreise nach Dresden vor. Meine Frage, ob die Stadt nicht mehr zur DDR gehöre, unterdrückte ich aus Vorsicht, da er unsere Ausweise konfisziert hatte und mit Drohgebärden Offiziere anforderte. Sie kamen nach einer knappen Stunde und schickten uns recht erstaunt weiter. Als der Wichtigtuer dann auch noch eine Geldstrafe verhängen wollte, wies dies meine Frau entschieden zurück. Dann erklärte er uns den weiteren Weg in bestem Sächsisch, was wir als Racheakt registrierten. Nur weil der Bischof unpässlich war, fand er noch Zeit für eine kurze Begegnung,

---

92 Johannes Hempel. Dr. theol., Landesbischof von Sachsen.

ohne über die Willkür des Staatsdieners sonderlich erstaunt zu sein. Offenbar gehörte sie zum Alltag der DDR.

Die Autobahn nach Bautzen ging ganz plötzlich in eine einfache Landstraße mit Pflastersteinen über und erlaubte kaum das vorgeschriebene Tempolimit von sechzig Kilometern. Erst bei Einbruch der Dunkelheit erreichten wir schließlich in der Oberlausitz meinen Cousin mit seiner Familie. Sie bewohnten einen ehemaligen Gutshof, dessen Scheune in eine Schneiderwerkstatt umgebaut worden war. Der Vater hatte sich als Fellsammler hochgearbeitet und war als Unternehmer zu einigem Wohlstand gelangt. Sein Sohn fühlte sich verpflichtet, dieses Erbe zu pflegen; dass dies nicht lange gelingen werde, verriet nicht zuletzt die diskriminierend gemeinte Anschrift „An den Privatkapitalisten Erich Weikert". Trotz erfolgreicher Produktion wurde er rasch enteignet und zum Verwalter degradiert. Als wir in seinen geräumigen Hof einfuhren, zeigte er sich unsicher, ob ein Auto aus dem Westen wohl auf volkseigenem Asphalt parken dürfe. Wir genossen die großzügige Gastfreundschaft, mussten aber öfter Geschenke zurückweisen, weil der DDR-Zoll hohe Gebühren in harter Westmark kassierte. Auf dem Rücksitz häuften sich bereits Fachbücher, die uns der Kollege geschenkt hatte. Die Grenzer bei der Ausfahrt entdeckten sogleich die Konterbande und addierten den fälligen Zoll zum Wohle des Staates, bis ihr Blick auf einen Band der großen > Literaturgeschichte der DDR < fiel. Meine Erklärung, dass ich meine Studenten in Kiel regelmäßig über die Kultur der DDR informiere, bewirkte Erstaunen und sogleich Befreiung von Gebühren überhaupt. Beschämt mussten wir mit ansehen, wie eine ältere Dame ihren Koffer zu öffnen und sämtliche Kleidungsstücke auszubreiten gezwungen wurde. Erst nach Überquerung der Grenze fühlten wir uns von einem permanenten Druck befreit.

Diese ausführliche Beschreibung von DDR-Wirklichkeit vernachlässigte bewusst deren terroristische Komponenten. Sie zielte vielmehr auf Vergegenwärtigung des „normalen" Alltagslebens in einem rund vierzig Jahre existierenden Staat, der zunehmend internationale Anerkennung fand. Er blieb ideologischen Klischees verhaftet und unterdrückte damit individuelle Eigeninitiativen zum Nachteil der Produktivität. Wenn wieder einmal Schneiderinnen spontan ihre Arbeitsplätze zum Einkauf seltener Angebote verlassen hatten, nahm mein Cousin das als bloßer Verwalter ungerührt zur Kenntnis. Unter vier Augen gestand er, dass er damit ein geruhsameres Leben führen könne.

Die Großzügigkeit der Zöllner wiederum verriet Willkür, und die Schikanen des Dresdener Verkehrspolizisten nährten sich aus Unkenntnis sowie Lust an Machtgefühlen, die Verstöße darstellten, doch keinerlei Sanktionen auslösten. Dass vier Offiziere herangeholt werden mussten, um die intellektuellen Defizite des eigenen Untergebenen zu korrigieren, erwies sich durchaus als exemplarisch für ein inflationäres Wachstum von Kontrollmechanismen, deren Ausübung zum Zwecke der Kompensation von Kleinbürgern erstrebt wurde. Diese Mentalität erhielt bereits im NS-Reich massive Impulse.

Zeit der Wende

Für Irritationen sorgten sodann Erfahrungen mit Grenzkontrolleuren wenige Tage nach der Wende, weil sie plötzlich von uns erwartete Kontrollen ostentativ verweigerten und sich als stets bereitwillige Berater gerierten. Die rasante Kehrtwendung verdankte sich zweifellos dem Bedürfnis nach rascher Anpassung und schloss Wiederholungen nicht aus (Abb. 11, S. 113 unten) Vertreter einer wachsenden Nostalgie mögen gewiss unter einzelnen Störfaktoren gelitten haben, doch der banal sich wiederholende Alltag mit gewohnten Reglementierungen ersparte Anstrengungen und erhält so die Aura einer humanen „Gemütlichkeit".

Der Wende verdankt meine Familie erhebliche Vorteile, die uns selbst überraschten und noch immer erfreuen. Als meine Eltern 1969 offiziell aus der DDR übersiedelten, hinterlegten sie ein Testament, das meine Schwester und mich zu Erben von Haus und Garten im alten Heimatort bestimmte. Da eine Betreuung vielfach Schwierigkeiten bereitete, wurde ein wesentlicher Teil des Hauses unbewohnbar, so dass ich eine Schenkung ernsthaft erwog. Doch in der Euphorie der unmittelbaren Wendezeit verwandelten sich Haus und Garten in eine kostbare Immobilie, weil man offensichtlich der Parole von den „blühenden Landschaften"[93] Glauben schenkte. Da wir Teile des maroden Landes aus unmittelbarer Anschauung kannten, blieben wir skeptisch und verkauften nach zögernder Zustimmung der nostalgischen Schwester das Anwesen zu einem annehmbaren Preis. Damit konnten wir die letzten Schulden unseres Hausbaues tilgen und Wertminderungen entgehen, die bis heute das Leben im provinziellen Abseits der Oberlausitz stark belasten.

Nun war endlich auch problemlos die Möglichkeit gegeben, den Kindern unsere Herkunftsorte vorzuführen, das Zittauer Gebirge und die von Tradition und Kunst erfüllte Fachwerkstadt Quedlinburg am Rande des Harzes. Schon vorher unternahmen wir Reisen mit zwei Ehepaaren[94], die wir aus Studienzeiten kannten, und die nach der Pensionierung an freundschaftliche Kontakte anknüpfen wollten. Zielvorgabe war, der Vielfalt von Natur und Kunst in deutschen Landen wieder näher zu kommen. Das

---

93 „Blühende Landschaften", Versprechen des Kanzlers Kohl.
94 Prof. Jürgen Heinrich und Frau Doris, Dr. Joachim Schnierstein und Frau Thea.

gelang vollauf. Meine Frau und ich drängten nun auch regelmäßig in die Ferne, wobei ein erster Anstoß von unserer jüngsten Tochter Philine[95] ausging. Sie wusste von unserem rund vierzig Jahre zurückliegenden Verzicht auf die Fahrt nach Neapel und Paestum und überwand auch unsere Vorbehalte gegenüber Gruppenreisen. Das preisgünstige Angebot von Studiosus, von Sorrent aus die mit Kulturdenkmälern reich ausgestatteten Landstriche Süditaliens zu erkunden, entsprach voll unseren Erwartungen und bildete den Anstoß zu regelmäßigen Reisen rund um das Mittelmeer, denen sich ein Ehepaar aus dem alten Freundeskreis anschloss. Ihre kenntnisreiche Begleitung vertiefte unsere Begeisterung vor allem für griechisch-römische Kultur des Altertums, deren Vielfalt und faszinierende Schönheit meine Frau und unser Berliner Freund dank zahlreicher gelungener Fotos dokumentierten. Etwa zehn Jahre waren uns die zumeist strapaziösen Ausflüge vergönnt, bis Begleiterscheinungen des zunehmenden Alters Einschränkungen, bes. bei unseren Freunden bewirkten. Meine Frau und ich unternehmen seitdem Kreuzfahrten, veranlasst durch ein Geschenk für erfolgreiche Werbungsvorschläge unserer ältesten Tochter Bettina[96], das eine vierzehntägige Erkundung rund um die Ostsee offerierte. In der Folgezeit bevorzugten wir wiederum Fahrten ins Mittelmeer mit unterschiedlichen Erfahrungen in Marokko oder bei unerwartetem Seegang.

Überrascht bin ich darüber, dass ich noch immer regelmäßig zu Kongressen und Vorträgen in kleinem Kreis eingeladen werde, nachdem ich das achtzigste Lebensjahr überschritten habe. Offensichtlich aber ist unsere Generation zur Zählebigkeit verurteilt, die bei Abiturientreffen Triumphe feiert. Organisiert werden sie von Manfred Strietzel[97], einem außerordentlich agilen Radiologen, der zunächst in Dresden wirkte und dann eine Professur in Rostock erhielt, obwohl er nach Querelen mit der Staatspartei seine Mitgliedschaft aufkündigte. Dass es ihm gelang, erste Treffen schon lange vor 1989 zu realisieren, sollte besonders gewürdigt werden, hatte doch ein erheblicher Teil der Mitschüler sich schon früh in den Westen abgesetzt und deshalb schwer erreichbar war. Besondere Sprengkraft besaßen zudem politisch-ideologische Gegensätze, wie ich schon bei der ersten Zusammenkunft Weihnachten 1947 erfahren musste.

---

95 Philine Stoltenberg, Journalistin und Designerin.
96 Bettina Albrod, Journalistin und Autorin.
97 Manfred Strietzel, Internist, Prof. für Radiologie in Rostock.

Als ein Ehemaliger bekannte, dass er an der >Verwaltungshochschule Walter Ulbricht< studiere, zeigte sich ein westwärts Abgewanderter entsetzt über den Namensgeber, der sich von früh an als barbarisch-primitiver Stalinist betätigte. Wir blieben fortan fern und fanden es verständlich, wenn der rührige Organisator den rigiden Verzicht auf politische Dispute für die Zukunft einforderte.

Meine Frau und ich scheuten die Einreiseschikanen der DDR und reisten zum ersten Male 1997 anläßlich des fünfzigsten Abiturjubiläums in den idyllischen Kurort Oybin im Zittauer Gebirge. Um Unfrieden zu vermeiden, mied man politische Themen und bewahrte so wenigstens einen Waffenstillstand, denn nicht zu leugnen waren Mentalitätsdifferenzen aufgrund langjähriger Zugehörigkeit zu spezifischen Gesellschaftssystemen. Wenn das Kürzel DDR in „Der Dämliche Rest"[98] aufgelöst wurde, verwies das auf mangelnde Risikobereitschaft und intellektuelle Unbeweglichkeit mit lang anhaltenden Folgen bis in den täglichen Umgang. Dass sich in neuerer Zeit gewisse Ressentiments verstärken, ist zweifelsfrei auch unsensiblen Siegerallüren nach der Wiedervereinigung anzulasten.

Wir Abiturienten beschlossen, öfter zusammen zu kommen und weiterhin zu feiern. Das geschah auch 2007 zum sechzigsten Jubiläum, wobei gedämpfte musikalische Begleitung angesagt war. Gleich nach dem Festmahl freilich ging sie zu gewohnten Rhythmen über, und nach leichter Verzögerung herrschte auf dem Tanzparkett bedrängende Enge. Der Ort der Feierlichkeit liegt abseits im Gebirge und etwa zehn Kilometer von meinem Heimatort entfernt. Ich mied ihn nahezu, weil er mir entschieden fremd geworden war, und das trifft auch auf meine Schulstadt Zittau zu. Weil die Südlausitz an Polen und Tschechien grenzt und beide Länder mit billigen Warenangeboten locken, führt dies auf deutscher Seite zu beträchtlichen Konsumeinbußen. Zudem haben mittelständische Betriebe nicht überlebt. Das alles beschleunigt einen Exodus westwärts in wirtschaftlich attraktive Bundesländer mit sichtbaren Folgen. Jugendliche und junge Familien wandern massiv ab. Und Wohnungen stehen allenthalben leer. An den prächtigen Häusern der einst blühenden Handelsmetropole offerieren Spruchbänder günstige Verkaufsbedingungen für

---

98 „Der Dämliche Rest" für DDR; „Fünfte Besatzungsmacht" für die große Zahl sächsischer Polizisten in der SBZ, DDR und Ostberlin.

Ladenräume, Etagen oder Einzelwohnungen, und selbst in warmen Sommertagen veröden ab achtzehn Uhr die renovierten Straßen.

Dem eingangs zitierten Hymnus auf die Oberlausitz entsprach seit langem mein idyllisch gelegener Geburtsort mit prächtigen Gutshöfen auf sanften Hügeln entlang des Straßendorfes. Ihn hatte der Krieg völlig verschont, weil Russen erst nach Kriegsende die Südlausitz besetzten. Doch Schäden entstanden schon kurz danach. Eine im schmucken Lausitzer Baustil errichtete Hofanlage, der zentral gelegene Kretscham (einst Verwaltungssitz des Ortes), fiel teilweise den Spitzhacken ungelernter Arbeiter zum Opfer, um für so genannte Neubauern auf willkürlich verordneten Parzellen Hütten zu errichten. Dass sie rasch scheiterten, sollte freilich vertuscht werden, doch der Verfall setzte sich kontinuierlich fort. Weil man den Bauern immer wachsende Abgaben verordnete, fehlten allenthalben Mittel und nahm der Verfall sichtbar zu. Das steigerte sich noch während der erzwungenen Bodenreform. Bei meinem letzten Besuch litt ich unter Orientierungsschwierigkeiten, weil des öfteren auf den Hügeln Ruinen oder Schutthaufen von vergangener Pracht zeugten. Fortan bevorzuge ich die intakten Kurorte im Zittauer Gebirge. Sie gelten mir als eine Art Ersatzheimat, sind aber zuweilen auch mit Erinnerungen belastet, denen man nicht völlig zu entgehen vermag. Das gilt ähnlich von Westberlin; hier wohnte ich neunzehn Jahre, schuf ich die Basis für meine akademische Karriere und gründete eine Familie, die die Vorzüge der Metropole voll zu schätzen wusste. Doch auch von ihr mussten wir uns wiederum flüchtend lösen und in einen anderen Landstrich umsiedeln, der mir noch immer fremd geblieben ist. Deshalb reise ich mit Vorliebe in den Harz – bes. nach Quedlinburg – und weiter südwärts in die Gefilde des Schwarzwaldes, dessen schöne Natur und außerordentlich reichhaltige Kultur mich immer erneut erfreuen.

Unsere drei Kinder absolvierten überaus erfolgreich ihre Studien vorwiegend in Kiel, aber mussten freilich auch erfahren, wie schwierig und zeitraubend sich derzeit Berufswünsche erfüllen lassen. Unser Sohn Thomas[99] entschied sich für die klassische Archäologie mit Schwerpunkt Griechische Vasenmalerei, obwohl das Fach kaum Berufschancen bot.

---

99 Thomas Mannack, Dr.phil. Verfasser zahlreicher Publikationen zur klassischen Archäologie. Oxford:.Director of the Beazley Archive´s database and Reader in Classical Iconography.

Weil Oxford eine reiche Sammlung besaß, begann er dort dank eines DAAD- Stipendiums intensiv für seine Dissertation zu arbeiten und erweckte damit Aufmerksamkeit. Angestellt wurde er jeweils nur befristet, abhängig von Stiftungen mit unsicheren Finanzierungsmodalitäten. Seine Frau übernahm deshalb Jobs, zumal die begabten Töchter Lilith und Fidelis[100] die renommierte Europäische Schule besuchten. Inzwischen erhielt – nach über einem Jahrzehnt – ihr Vater ein Lehramt an der Universität Oxford. Unsere beiden Töchter bewährten sich in verschiedenen Berufsarten und entschieden sich schließlich für den Journalismus – nicht zuletzt dank einer Formulierkunst, der sich schon ihre Eltern gern überließen. Der Enkel Florian[101] bevorzugt ebenfalls die Kunst des Schreibens und tat sich schon zu Beginn der Schulzeit hervor. Seine Lehrer förderten mit Nachdruck sogleich eine Versetzung in die Folgeklasse, doch die zuständige Ministerin forderte eine Rückstufung, weil sie den Vorgang als eine Elitebildung missverstand, was ihr freilich nicht gelang. Ich interpretierte das peinliche Verhalten als Ausfluss gefestigter Ideologie, was sich sehr rasch als Fehldeutung entpuppte, weil dieselbe Person angesichts von schlimmen Evaluierungs-Ergebnisse nun dringend eine Elitebildung für unumgänglich postulierte. Sie ist noch immer im Amt.

Eng verbunden sind wir auch mit beiden Schwiegersöhnen – dem Arzt Manfred Albrod[102] und dem Physiotherapeuten Peter Stoltenberg[103] -, deren Hilfsbereitschaft uns fast beschämt. Sie wohnen immerhin in Schleswig-Holstein, während die Familie in Oxford leider recht entfernt von uns lebt. Die Schwiegertochter Sigrid[104] ist überaus aktiv und bessert damit die Haushaltskasse auf. Ihr Arbeitsverhältnis spiegelt eine Misere wider; um nicht den Job zu verlieren, muss sie auf längeren Urlaub verzichten. Die Familie aber fühlt sich in England wohl und hat sich dort wahrscheinlich auf Dauer niedergelassen, obschon finanzielle Sicherungen noch weniger als in Deutschland zu erwarten sind. Profitiert haben die Enkelinnen von einer teuren, aber soliden Ausbildung, die hierzulande mehr und mehr ideologischem Starrsinn zum Opfer fällt.

---

100 Lilith und Fidelis Mannack, Töchter von Sigrid und Thomas Mannack, Studentinnen.
101 Florian Albrod. Sohn von Bettina und Manfred Albrod.
102 Manfred Albrod, Dr. med. Leitender Betriebsarzt bei Shell.
103 Peter Stoltenberg, Physiotherapeut in Laboe.
104 Sigrid Schilling-Mannack.

Trotz meiner 1993 erfolgten Emeritierung widme ich mich auch weiterhin intensiv der von mir bevorzugten Literatur der frühen Neuzeit. Das liegt nicht zuletzt an Beobachtungen, die mich mit einiger Sorge erfüllen. Fasziniert hatte mich die Erforschung des Zeitalters auch angesichts innovatorischer Impulse zu Beginn der sechziger Jahre, die zu weitgehenden Revisionen führten. Hatte man bislang Vorstellungen vom autonomen Kunstwerk im Sinne der Weimarer Klassik zum allgemeinen Maßstab erhoben, erkannte man nun zusehends die unzureichende Relevanz dieses Interpretationsmusters für Zeugnisse, die unterschiedlichen Anlässen und Intentionen sich verdankten. Sie erzwangen überraschende Einsichten und Umwertungen besonders im Verständnis der Rhetorik. In Deutschland wurde sie negativ konnotiert, obwohl sie bereits in der Antike und im Mittelalter gelehrt und hoch geschätzt wurde. Martin Opitz[105] folgte schon im Frühbarock dieser Tradition, als er ihr exemplarische Bedeutung für die Poetik und Poesie überhaupt zusprach.

Für die Dichtung gilt damit eine Wirkabsicht und eine publikumsorientierte Strategie, wobei die Belehrung im Bereich der Religion bzw. Konfessionen Dominanz besaß. Vom Dichter erwartete man Kirchenlieder ebenso wie Predigten, und ihre Gelegenheitsgedichte entstanden oft auf Bestellung mit einträglichen Einkünften.

Umfangreiche Predigtsammlungen – wie sie etwa von Andreas Gryphius publiziert worden waren – beanspruchten damit erhebliche Aufmerksamkeit, weil sie Einsichten in Strategien poetischen Schaffens gewährten.

Ebenso ergiebig erwies sich die ikonographische Kunst der Emblematik[106], deren inflationäre Verbreitung in Literatur und bildender Kunst über ganz Europa evident war und nun generelle Verdikte von Überladenheit bzw. Schwülstigkeit in die Schranken wies. Neben diesen traditionellen Bezügen erhob auch die Politik Ansprüche im engen Konnex mit zeitgenössischen Phänomenen, die aus dem verheerenden großen Krieg resultierten. Politische Romane wie auch Dramen setzten sich damit auseinander oder griffen direkt – wie im Fall der englischen revolu-

---

105 Martin Opitz, Dichter des Barock.
106 Vgl. dazu das Sammelwerk > Emblematik < , hrsg. von Arthur Henkel und Albrecht Schöne. Arthur Henkel, Prof. für deutsche Philologie in Heidelberg.

tionären Wirren – in aktuelles Geschehen ein.[107] Die Barockforschung erlebte damit einen rasanten Aufschwung und forderte eine internationale wie interdisziplinäre Zusammenarbeit, die der Planung und teilweise Lenkung von Projekten bedurften. Die Wolfenbütteler Bibliothek mit ihrem reichen Bestand entwickelte sich dank der Aktivitäten Paul Raabes in kurzer Zeit zu einer Gelehrtenrepublik und wurde Sitz des > Internationalen Arbeitskreis für Barockliteratur < mit wachsender Beteiligung. (Abb. 12, S. 114) Verlage nutzten die Gelegenheit, um mit Nach- und Neudrucken Forschung und Lehre zu unterstützen.[108]

---

107 Andreas Gryphius: > Carolus Stuardus < . Insges. erschienen zum selben Thema rund 30 000 Titel in Europa.
108 Bes. > Ausgaben deutscher Literatur des 15. bis 18. Jahrhunderts < hrsg. von Hans-Gert Roloff u.a. Die Zeitschriftenreihen > Daphnis < und > Chloe <. Vgl. dazu auch eine von vielen Autoren benutzte Quelle (Abb. 12, S. 114).

Aktualisierte Barockliteratur

Dass das breite Interesse für deutsche Barockliteratur allmählich zu schwinden begann, hatte mehrere Ursachen und beklagenswerte Konsequenzen. Für den Lehrbetrieb in Schulen und Universitäten erwies sich Reclams-Universal-Bibliothek als unverzichtbar, weil sie in preiswerten Ausgaben der besseren Lesbarkeit und dem aktuellen Verständnis der Texte diente. Doch nun sahen sich die Verlage – allen voran die Reclam-Reihe – zu Einschränkungen ihrer Angebote gezwungen, wobei stetige Reduzierungen in der Abteilung > Renaissance und Barock < den Ernst der Lage spiegelten. Ich selbst war davon betroffen; die in zweiter Auflage erschienene Anthologie zur Nürnberger Barockdichtung > Die Pegnitz-Schäfer < sowie Gryphius' anspruchsvolle Doppelkomödie > Verliebtes Gespenst. Die geliebte Dornrose <, erstmals 1963 im de Gruyter-Verlag von mir ediert, verschwanden aus dem Verlagsprogramm. Ebenso rigoros verfuhr der eigens gegründete Klassiker-Verlag, der einige der geplanten Barock-Editionen stoppte. Mir gelang es, den Band > Gryphius Dramen < rechtzeitig fertig zu stellen. Die 1317 Seiten umfassende Dünndruck-Ausgabe enthält 466 Seiten Zeilenkommentar und berücksichtigt Forschungserkenntnisse unterschiedlicher Provenienz bis zum Ende der achtziger Jahre. Die Recherchen beanspruchten acht Jahre und wären ohne Unterstützung von studentischen Hilfskräften nicht rechtzeitig abgeschlossen worden. Mein besonderer Dank gilt den Damen und Herren Anja Kreutzer, Renate Wiehager, Klaus Reichelt und Karlheinz Einsle. Rezensionen betonten, dass die Kommentare einen besseren Zugang zu den für moderne Leser teilweise schwierigen Texten ermöglichten.

Auf Kongressen baten mich jüngere Kollegen, beim Reclam-Verlag zu intervenieren, weil auch das für die sich anbahnende Aufklärung bedeutende Trauerspiel > Masaniello <[109] von Christian Weise[110] nicht mehr vertreten sein sollte. Der Verlag erklärte sich zu einer Neuauflage bereit, wenn ich durch Aktualisierung des Nachworts zur Attraktivität des Bänd-

---

109 Christian Weise: > Masaniello. Trauerspiel < , hrsg. von Fritz Martini. Nachwort von Eberhard Mannack, Stuttgart 2003.
110 Christian Weise, Dichter der Frühaufklärung. Berühmter Pädagoge am Zittauer Gymnasium.

chens beiträge. Dem folgte ich gern, doch über mögliche Erfolge gibt es noch keine Auskünfte.

Große Resonanz findet freilich bis heute Grimmelshausens berühmter Schelmenroman, wobei die Deutung noch immer auf die „realistische" Darstellung des dreißigjährigen Krieges weitgehend fixiert bleibt. Im Rahmen einer Abhandlung über > Barock in der Moderne < bei Schriftstellern des 20. Jahrhunderts sowie in mehreren Spezialbeiträgen zum Wirken von Grimmelshausen habe ich diesen Aspekt vertiefend herausgearbeitet. Da allein im vorigen Jahrhundert nahezu einhundert illustrierte Neuausgaben erschienen, initiierte Martin Bircher eine Wanderausstellung in enger Zusammenarbeit mit mir, deren Bestände nun im Haus der Grimmelshausen-Stiftung zu Renchen versammelt sind. In der Wolfenbütteler Reihe der Malerbücher informiert ein Katalog über diese Sammlung, der viele ausgewählte Beispiele von Illustrationen enthält.[111]

Das anhaltende Interesse vor allem am großen Simplicissimus-Roman hat mehrere Gründe. Zusammen mit dem > Parsifal < und den > Lehrjahren < verlieh man ihm die Würde des Entwicklungs- bzw. Bildungsromans im Sinne eines spezifisch deutschen Literaturdenkmals[112]. Damit avancierte er zum Repräsentanten deutscher Identität; ungeachtet kritischer Einwände setzt sich die Diskussion darüber bis heute fort. Moderne Autoren zogen bereits im Ersten Weltkrieg Vergleiche mit dem mörderischen „Großen Krieg" des 17. Jahrhunderts, und das steigerte sich nach dem Zeiten Weltkrieg. Damit zielte man auf die globalen Ausmaße, den Einsatz von Massenheeren und Waffen mit größter Zerstörungskraft sowie Verwüstungen im gesamten Reichsgebiet. Formulierungen wie „Fortsetzung des Dreißigjährigen Krieges mit anderen Mitteln" galten den Jahren zwischen 1914 und 1945; andere Autoren bezogen sie sogar auf das gesamte zwanzigste Jahrhundert. Dass derartige Parallelen in der

---

111 Martin Bircher und Christian Juranek: > Simplicissimus heute. < Malerbuchkatalog der Herzog August Bibliothek Wolfenbüttel, Bd. 4, 1990. Soeben erschienen: Hans Jacob Christoffel von Grimmelshausen > Der abenteuerliche Simplicissimus Deutsch < . Aus dem Deutschen des 17. Jahrhunderts und mit einem Nachwort von Reinhard Kaiser, Frankfurt am Main 2009.
112 Zum Entwicklungs-bzw. Bildungsroman vgl. bes. Melitta Gerhard: > Der deutsche Entwicklungsroman bis zu Goethes Wilhelm Meister < Halle/Saale, 1926. - Lothar Köhn: > Entwicklungs- und Bildungsroman. Ein Forschungsbericht < . Tübingen 1969.

Forschung Kritik auslösten, änderte nichts an der Verbreitung dieser Vorstellungen.

Um der Epoche wieder eine allgemeine Resonanz zu verschaffen, halte ich auch für fachfremde Interessenten regelmäßig Vorträge. Das gilt vor allem für meine jährlichen Reisen nach Oberkirch in der Ortenau, wo Grimmelshausen längere Zeit wirkte. Dem Museum des malerischen Südschwarzwald-Städtchens werde ich meine über Jahrzehnte gesammelten illustrierten Grimmelshausen-Ausgaben des 20. Jahrhunderts als Stiftung hinterlassen und damit eine Erweiterung des Archivs fördern helfen. Das anhaltende Interesse kann freilich nicht darüber hinwegtäuschen, dass die mannigfaltigen Tendenzen der Epoche außerhalb der Wissenschaft unbekannt sind.

Bemerkungen zur Autobiographie

Es scheint angebracht, über die Entstehung meiner Autobiographie und die Aktualität der Gattung überhaupt kurz zu informieren, um möglichen Missverständnissen zu begegnen, die selbst von Experten nicht durchweg vermieden werden, wenn sie den Anspruch auf „Wahrheit" erheben. Deshalb gilt es, die einem Konsens entsprechende Definition noch einmal zu betonen:

> „Die Erinnerungsstruktur mit ihrer Spannung zwischen erlebendem und erzählendem Ich bedingt eine ständige Dialektik von Vergangenheit und Gegenwart im Bewusstsein des Autors, der aus der jetzigen Deutung seines Selbst und seiner Erlebnisse heraus das Erinnerte subjektiv auswählt und bewertet und so das vergangene innere und äußere Leben als Weg zu dem gegenwärtig erreichten Stand der Selbst- und Welterkenntnis gestaltet. Die konkreten Variationen dieser Erinnerungsstruktur hängen einmal davon ab, welchen Instanzen der Autobiograph eine lebensbestimmende Rolle zuweist [...] und zum anderen von der Intention, die die Niederschrift seiner Lebensgeschichte veranlasst hat: Die Skala reicht hier vom Preis der lenkenden Hand Gottes über die bekenntnishafte oder apologetische Rechenschaft, über die Lehre und Warnung für die Nachkommen und den Geschichtsunterricht für die Generation der Enkel bis zur Flucht in die reine Erinnerungsfreude..."[113]

Die erstgenannte Intention käme einer Überforderung gleich – darin bin ich gewiss keine Ausnahme – während die letztgenannte angesichts wiederholter ideologischer Pressionen sich von selbst erledigt. Meine Niederschrift folgt vielmehr Anstößen, die sich zufällig und während der Arbeit zunehmend einstellten und wohl deshalb auch eine geschlossene Form hintertrieben.

Als Initiatoren dürfen unsere drei neugierigen Kinder gelten, die den eloquenten Eltern gern zuhörten und schließlich immer öfter zur schriftlichen Fixierung drängten. Gleiches wiederholte sich im Kreis von Bekannten, die teilweise nur einige Jahre jünger waren, jedoch über erhebliche Lücken in Kenntnis der deutschen Vergangenheit klagten. Das betraf

---

[113] Günther Niggl: > Autobiographie < . In: Bertelsmann-Lexikon München. Band 13, 1992, S. 58-64, bes. S.59.

die Zeit des Nationalsozialismus, weil Betroffene sich darüber ausschwiegen, und ebenso durch die lange Teilung und Trennung verursachte Entfremdung aufgrund unterschiedlicher ideologischer und sozialer Entwicklungen. Verlage appellierten deshalb zunehmend an Augenzeugen, ihre Erkenntnisse der Nachwelt zu überliefern. Weil ich von historischen Belehrungen und Warnungen wenigstens temporär eine begrenzte Wirkung erhoffte, fand ich dies plausibel. Doch die Scheu vor einer mir ungewohnten Publikationsform hielt an, bis die Kieler Sektion der Goethegesellschaft mich zu einer Probelesung einlud, deren Echo mich entschieden ermutigte.[114] Hinzu kam eine von verfehlter Bildungspolitik verursachte Vernachlässigung besonders auch des Geschichtsunterrichts, durch rasch aufeinander folgende, meist auf Wahlen fixierte Gremien und so genannte Reformvorschläge eher verwässert als gebessert wurde.

Dass die offensichtlich bei den Deutschen dominierende Neigung zu meist undifferenzierten Verdächtigungen hinsichtlich ihres politischen Verhaltens in jüngerer Zeit sich vehement steigerte, war kaum zu übersehen. Verantwortlich dafür waren vor allem schon kurz nach der Wende lauthals geäußerte Forderungen gegenüber den DDR-Bürgern nach kritischer Aufarbeitung ihrer Vergangenheit, die nicht nur Stasi-Verbindungen tangierten, sondern öfter auch Verfehlungen in den zwei Diktaturen zu entlarven suchten. Dass derartige Ansinnen ein Zusammenwachsen nicht eben fördern, steht heute außer Frage.

Dem Westen freilich war eine ähnliche Praxis seit langem vertraut. Ein Nachholbedürfnis oft selbsternannter Antifaschisten insistierte auf permanenter Aufarbeitung der NS-Vergangenheit und mündete in Vorwürfe von unterschiedlicher Qualität. Darin übte sich besonders Walter Jens[115], obschon er selbst mit dem braunen Regime paktiert hatte. Er behauptete, es vergessen zu haben, obschon er 1933 bereits zehn Jahre alt war. Ein kurz nach Beginn des neuen Jahrtausends erschienenes Germanistenlexikon[116] erweiterte den Kreis der Verdächtigen erheblich und

---

114 Auf Einladung des Leiters der Kieler Goethegesellschaft Dr. Bodo Heimann las ich am 28.8.2008 Proben aus ersten Aufzeichnungen vor.
115 Walter Jens, Prof. für Rhetorik in Tübingen. Mitglied der Gruppe 47.
116 Christoph König (Hrsg.): > Internationales Germanistenlexikon < Berlin- New York 2003. Zutreffend ist die Kritik von Klaus von See „Auf die Idee…sogar die Mitgliedschaft in NSV und VDA zu registrieren, kann nur ein Ahnungsloser verfallen, der die NS-Zeit nicht kennt." In: Klaus von See. Julia Zernak: > Germa-

veranlasste Rechtfertigungsbemühungen, obschon es auch fragwürdige Zuweisungen und unvollständige Angaben enthält.

Aus unterschiedlichen Gründen entsprachen DDR-Autoren den Empfehlungen bzw. Forderungen, wobei Verbindungen mit der STASI eine erhebliche Rolle spielten. So besaßen ihre autobiographischen Aufzeichnungen weitgehend apologetische Intentionen angesichts möglicher schuldhafter Verstrickungen. Dass sie einer differenzierenden Beurteilung bedürfen, belegt schon die Vielfalt der Bekenntnisse. Manche Betroffenen, die lange Zeit Distanz wahrten, vermochten sich schließlich doch nicht den raffinierten Anwerbemethoden zu entziehen, während andere die Folgen eines scheinbar unverfänglichen Gesprächs erst spät durchschauten. Mit peinlichen Entgleisungen wartete dagegen Hermann Kant auf, indem er zögernd eingeräumte Verfehlungen gegen Guttaten aufrechnete und durch Schnodderigkeit Entlastung zu gewinnen suchte. Damit kontrastiert Heiner Müllers[117] zynisch-trotzige Aussage „Mir war das Schreiben wichtiger als meine Moral", und seine Mitteilung, dass zunehmend in den achtziger Jahren die STASI ihm brisante Fakten zuspielte, nachdem die starrsinnigen Mächtigen ihre Kenntnisnahme verweigerten.

Andere Schriftsteller bestätigten diese Art von Kumpanei, weil intelligente Vertreter der Staatssicherheit eine Übereinstimmung in den Fähigkeiten genauer Beobachtung und präziser Beschreibung beanspruchten. Exempel dieser Art dienen freilich nicht als Freispruch, sollten allerdings nicht völlig außer Acht gelassen werden.

---

nistik und Politik in der Zeit des Nationalsozialismus < . Heidelberg 2004, S. 25. Ähnliches gilt für eine fragwürdige Entscheidung der Kieler Universität über das Vermächtnis von Frau Dr. Hunke, die seit 1945 das kulturelle Leben Kiels und das Frauenstudium nachdrücklich förderte. Sven F. Kellerhoff: > Ohne Nachsendeantrag. Ein neues Lexikon nennt 100 Germanisten mit NS-Parteibuch, darunter Höllerer, Jens und Wapnewski < . In: Die Welt, Feuilleton 25.11.2003. S.27. Joachim Dyck: > Kollegen und Parteigenossen. Germanistik im NS-Staat. Die Zukunft hat sich nur sporadisch mit diesem Kapitel beschäftigt < .In: Die Welt, Feuilleton, 26.11.2003. Tilmann Krause: > Vor den Kopf geschlagen. Dieter Wellershoff wurde als NSDAP-Mitglied geführt und erinnert sich nicht. < In: Feuilleton. Die Zeit.

117 Heiner Müller Vgl. Bibliographien in Auswahl.

Diese und weitere Bekenntnisse von Personen, die in etwa meiner Altersstufe entsprachen, drängten mich zu genauerer Selbsterkundung, wie ich eingangs bereits ankündigte. Dass mir das von einem fragwürdigen Funktionär vorübergehend verliehene Etikett eines Antifaschisten nicht definitiv zusteht, darf als sicher gelten. Das verbietet sich schon angesichts von Ambivalenzen im Verhalten während des „Dritten Reiches". Mein leidenschaftlich geübtes Soldatenspielen wie auch die Vorliebe für die Lektüre erfolgreicher U-Boot-Unternehmen entsprachen durchaus der Sympathie für reale Vorgänge in der Zeit der ersten Kriegsjahre. Dies änderte sich erst angesichts späterer Niederlagen und der direkten Konfrontation mit den Trümmern der Hauptstadt infolge eindeutiger Luftüberlegenheit der Westmächte. Doch selbst derartige Aussagen bedürfen einer partiellen Relativierung insofern, als eine flächendeckende und perfekt betriebene Propaganda Hoffnungen kurzfristig zu erwecken vermochte vor allem dank der ausgefeilten Rhetorik von Göbbels. Dass offener Widerstand permanent zum Scheitern verurteilt war, wirkte eben nicht ermutigend. Hinzu kam, dass man primitiven Machtgelüsten von Provinzgouverneuren mit kleinbürgerlichem Zuschnitt konfrontiert wurde, die zwar Furcht erwecken konnten, dennoch der Lächerlichkeit nicht entbehrten.

Die Erlebnisse in der NS-Zeit bewirkten freilich fortan bei mir eine Immunisierung gegen staatliche Bevormundung und Indoktrination, die offensichtlich Gleichaltrigen nicht immer gelang. Ich war zwar kurz nach Kriegsende bereit, am demokratischen Neubeginn aktiv mitzuwirken, doch angesichts kommunistischer Willkür und Fortführung terroristischer Praktiken distanzierte ich mich entschieden von der Wiederkehr eines bedrohlichen Systems. In welchem Ausmaß sich dies vollzog, demonstrierten selbst hymnische Ergüsse zum Lobe von Hitler und Stalin aus der Feder von Baldur von Schirach und Johannes R. Bechers. Nun bezeichneten mich die neuen Herren als berufsmäßigen Querulanten und dürften damit einer meiner Charaktereigenschaften näher gekommen sein. Zumindest eine gehörige Portion Skepsis ist mir bis heute erhalten geblieben. Deshalb rate ich auch meinen Nachkommen, unergiebige Widerstandshandlungen zugunsten einer maßvollen Anpassung zu unterlassen, zumal sie bei allen Machteliten offenbar Wohlgefallen auslöst. Wenn deutsche Zeitgenossen besonders nach der Wende den Verlust von Utopien beklagen, verweist das auf Fragwürdigkeiten, die schon Heine treffsicher entlarvte, doch unausrottbar scheinen:

„Franzosen und Russen gehört das Land
Das Meer gehört den Briten,
Wir aber besitzen im Luftreich des Traums
Die Herrschaft unbestritten.

Hier üben wir die Hegemonie,
Hier sind wir unzerstückelt,
Die anderen Völker haben sich
auf platter Erde entwickelt."[118]

Wenn ich diesem pessimistischen Resümee eine Danksagung anschließe, folge ich nicht einer Gewohnheit, sondern würdige ich die großzügige Behandlung durch einstige und gegenwärtige Kollegen, die mich meinen Abschied aus dem Berufsdienst fast vergessen ließ. Zunächst Herr Detering und weiterhin Frau Wünsch, Herr Meier, Herr Wulf und Herr Knebel sind bemüht, meine Bindung an das Institut nicht abbrechen zu lassen und mir weitere Forschungsarbeit zu erleichtern.

---

118 Heinrich Heine > Deutschland ein Wintermärchen <. Hrsg. von W. Bellmann. Stuttgart, 139ff.

Bibliographien in Auswahl

Mit folgenden Titeln habe ich mich für die Niederschrift intensiver beschäftigt[119],

Autobiographien in Auswahl

de Bruyn, Günter: > Vierzig Jahre. Ein Lebensbericht <. Frankfurt am Main 1996.
ders. > Zwischenbilanz. Eine Jugend in Berlin <. Frankfurt am Main 1992.
ders.: > Das erzählte Ich. Über Wahrheit und Dichtung in der Autobiographie <. Frankfurt am Main 1995.
Drawert, Kurt: > Spiegelland. Ein deutscher Monolog <. Frankfurt am Main 1992.
Fries, Fritz Rudolf: > Jahr des Hahns <. Leipzig 1996.
Fühmann, Franz: > Der Sturz des Engels. Erfahrungen mit Dichtung <. Hamburg 1982.
Geipel, Ines: > Das Heft. Roman <. Berlin 1999.
Grass, Günter: > Beim Häuten der Zwiebel <. Göttingen 2006
ders.: > Die Box. Dunkelkammergeschichten <. Göttingen 2008.
Hahn, Ulla: > Das verborgene Wort <. München 2001.
dies.: > Aufbruch <. München 2009.
Heym, Stefan: > Nachruf <. München 1988.
Hilbig, Wolfgang: > Ich <. Frankfurt am Main 1993.
Janka, Walter: > ...bis zur Verhaftung: Erinnerungen eines deutschen Verlegers <. München 1993.
Kant, Hermann: > Abspann. Erinnerungen an meine Gegenwart <. Berlin und Weimar 1991.
Kunert, Günter: > Erwachsenenspiele. Erinnerungen <. München und Wien 1997.

---

[119] Bei beiden Gruppen auf Seite 103 und 104 sind freilich eindeutige Zuordnungen z.T. problematisch.

Loest, Erich: > Durch die Erde ein Riß. Ein Lebenslauf <. Hamburg 1981.
Maron, Monika: > Stille Zeile Sechs <. Frankfurt am Main 1991.
Mayer, Hans: > Ein Deutscher auf Widerruf. Erinnerungen <. 2 Bde. Frankfurt am Main 1982-84.
ders.: > Der Turm von Babel <. Frankfurt am Main 1991.
Müller, Heiner: > Krieg ohne Schlacht. Leben in zwei Diktaturen. Eine Autobiographie. Erweiterte Neuausgabe mit dem Dossier von Dokumenten des MfS der ehemaligen DDR <. Köln 1994.
Reich-Ranicki, Marcel: > Mein Leben <. Stuttgart 1999.
Schlesinger, Klaus: > Fliegender Wechsel. Eine persönliche Chronik <. Frankfurt am Main 1990.

Autobiographisch geprägte Texte in Auswahl:

Brussig, Thomas: > Helden wie wir <. 1995.
Burmeister, Brigitte: > Unter dem Namen Norma <. Stuttgart 1994.
Feyl, Renate: > Ausharren im Paradies. Roman <. Köln 1992.
Kempowski, Walter: > Deutsche Chronik <. 6 Bde. München 1971-1984.
Loest, Erich: > Nikolaikirche. Roman <. Leipzig 1995.
Strittmatter, Erwin: > Der Laden <. 3 Bde. Berlin und Weimar. 1983-1992.

Abbildungen

Abbildungen.

Abb. 1: FLAK als Spielzeug.

Abb. 2: Winterhilfswerk-Abzeichen – Serien als Anstecknadeln.

Abb. 3: Als Luftwaffenhelfer im Kriegseinsatz FLAK in Berlin.

Abb. 4 und 5: Henry-Ford-Bau, FU Berlin: Außenansicht und Foyer (Fotos: > Berlin gestern und heute <. Wolfgang Stapp Verlag, Berlin [o.J.] S. 88. Von Obigt und Lehnartz.

Abb. 6: In der Präsenzbibliothek des Germanischen Seminars der FU Berlin.

Abb. 7: Internationale Ferienkurs-Gruppe, eingeladen von Bettina Kirschstein.

Abb. 8: Meine Verlobte und spätere Ehefrau Helga Buchmann.

Abb. 9: Eröffnung des 1. Kongresses des Internationalen Arbeitskreises für Barockliteratur in der Herzog-August-Bibliothek Wolfenbüttel. Prof. Dr. Eberhard Mannack am Rednerpult (Foto: Günter Schöne in > Wolfenbütteler Bibliotheks-Informationen < 5 [1980] S. 36).

Abb. 10: Zu Gast beim Agronomen.

Abb. 11: Einst gefürchteter und nach der Wende gesprengter Wachtturm an der Glienicker Brücke Berlin-Potsdam (Foto: Jürgen Heinrich, Berlin).

Abb. 12: Piazza Universale – wichtige Quelle für Barockautoren.

Abb. 13: Der Autor heute (Foto: Philine Stoltenberg).

Personenregister

Albertsen, Leif Ludwig, 60.
Albrod, Bettina, 88, 91.
Albrod, Florian, 91.
Albrod, Manfred, 91.
Alewyn, Richard, 34.
Artmann, H.C., 76.

Becher, Johannes R., 22, 100.
Becker, Jürgen, 78.
Beißner, Friedrich, 26.
Bellmann, W., 101.
Bircher, Martin, 95.
Böll, Heinrich, 48, 76.
Bonaparte, Napoleon, 13.
Boor de, Helmut, 29f., 32.
Böttcher, Irmgard, 79.
Böttcher, Kurt, 68f., 83f.
Brandt, Peter, 43.
Brandt, Willy, 36.
Brecht, Bertolt, 41f.
Brussig, Thomas, 104.
Bruyn de, Günter, 70f., 103.
Burmeister, Brigitte, 104.
Butzlaff, Wolfgang, 75.

Canaletto, Antonio, 66.
Chruschtschow, Nikita, 36.
Conrady, Karl Otto, 58.
Cordes, Eckart, 70, 76.

Debus, Friedhelm, 78.
Delz, Hans Jürgen, 82.
Detering, Heinrich, 101.
Dilthey, Wilhelm, 98.
Dönitz, Karl, 19.
Dovifat, Emil, 30.
Drawert, Kurt, 101.
Dyck, Joachim, 99.

Einsle, Karlheinz, 94.
Emrich, Wilhelm, 45, 47, 50.
Erdmann, Karl Dietrich, 60.
Everding, August, 75.

Feyl, Renate, 104.
Forster, Leonard, 77.
Frantz, Malte, 78.
Freisler, Roland, 16.
Fricke, Gerhard, 26.
Fries, Fritz Rudolf, 103.
Fühmann, Franz, 67, 69, 76, 103.

Geipel, Ines, 103.
Gerhard, Melitta, 95.
Giersch, Herbert, 78.
Goebbels, Paul Joseph, 17.
Goethe von, Johann Wolfgang, 23, 75.
Grass, Günter, 48, 70, 77, 103.
Grimmelshausen von, Hans Jakob, 95ff.
Grumach, Ernst, 45.
Gryphius, Andreas, 62, 70, 93.
Guardini, Romano, 25f.

Haase, Horst, 67f.
Hahn, Ulla, 102.
Hamann, Johann Georg, 31.
Hass, Hans-Egon, 45.
Hattenhauer, Hans, 78.
Hauptmann, Elisabeth, 41.
Hauptmann, Gerhart, 45.
Heimann, Bodo, 98.
Heine, Heinrich, 101.
Heinrich, Doris, 87.
Heinrich, Jürgen, 87, 113.
Hempel, Johannes, 84.
Henkel, Arthur, 92.

Herzfeld, Hans, 29f.
Heym, Georg, 33.
Heym, Stefan, 103.
Hilbig, Wolfgang, 103.
Hitler, Adolf, 7, 11, 13, 15f., 100.
Hofer, Walther, 11, 29f.
Hölderlin, Friedrich, 45.
Höllerer, Walter, 47, 99.
Hübner, Kurt, 78.
Huch, Ricarda, 45.
Hunger, Rudolf, 18.
Hunke, Waltraud, 99.
Husum, Poul, 33.

Ingen van, Ferdinand, 46.
Irmscher, Dieter, 24.

Janka, Volker, 103.
Jaruszelski, Wojciech, 65.
Jens, Walter, 98.
Johnson, Uwe, 76.
Jørgensen, Sven Aage, 60.
Juranek, Christian, 95.

Kafka, Franz, 47.
Kaiser, Reinhard, 95.
Kant, Hermann, 70, 99, 103.
Kellerhoff, Sven Felix, 57, 99.
Kempowski, Walter, 104.
Kennedy, John F., 43.
Keseling, Uta, 43.
Killy, Walther, 33.
Kirsch, Sarah, 70.
Kirschstein, Bettina, 40, 110.
Klemperer, Victor, 12.
Kluckhohn, Paul, 26.
Knebel, Hermann, 101.
Kohl. Helmut, 78, 87.
Köhn, Lothar, 95.
Kolbe, Pater, 65.
Kollmann, Rainer, 78.
König, Christoph, 98.

Krause, Tilmann, 99.
Kunert, Günter, 103.
Kunisch, Hermann, 29f.

Langbehn, Cay, 78.
Leisegang, Hans, 29f.
Loest, Erich, 70, 104.
Löffler, Hartmut, 78.
Lohmeier, Dieter, 59.
Luther, Martin, 58.

Mähl, Hans Joachim, 57.
Mann, Thomas, 29.
Mannack, Eberhard, 110, 112, 115.
Mannack, Fidelis, 91.
Mannack, Helga, 38f, 82, 111.
Mannack, Ilse, 19, 83.
Mannack, Lilith, 91.
Mannack, Bruno, 82.
Mannack, Erich, 9.
Mannack, Hedwig, 9.
Mannack, Paul, 8.
Mannack, Thomas, 90.
Maron, Monika, 104.
Mayer, Hans, 76, 104.
Meier, Albert, 101.
Michelangelo, 39.
Müller, Heiner, 99, 104.
Müller, Klaus Detlev, 73.
Müller, Uwe, 57.

Newald, Richard, 29ff., 54.
Niggl, Günther, 97.
Nürnberger, Frank, 7.

Opitz, Martin, 92.

Papieluszko. Pater, 65.
Paravicini, Werner, 78.
Pestalozzi, Karl, 46.
Pieck, Wilhelm, 22.
Piehler, Kurt, 7.

Priebsch, Werner, 20.
Priesemann, Gerhard, 78.

Raabe, Paul, 61ff.
Rauschning, Hermann, 11.
Reichel, Käthe, 41.
Reichelt, Klaus, 94.
Reich-Ranicki, Marcel, 70, 77, 104.
Renger, Joachim, 26.
Reuter, Ernst, 36.
Richter, Hans Werner, 76.
Rist, Johann, 42, 61.
Roloff, Hans-Gert, 93.
Rühmkorf, Eva, 81.
Rühmkorf, Peter, 81.

Schädlich, Hans Joachim, 70.
Schilling-Mannack, Sigrid, 91.
Schirach von, Baldur, 22, 100.
Schlesinger Klaus, 104.
Schmitz, Hermann, 79.
Schneider, Hermann, 26.
Schneider, Peter, 57.
Schnierstein, Joachim, 41, 87.
Schnierstein, Thea, 41, 87.
Scholz, Erika, 22.
Schöne, Albrecht, 61, 67, 92.
See von, Klaus, 98f.
Sørensen, Bengt Algot, 59.
Spranger, Eduard, 25f.
Stalin, Jossif, 20, 21, 100.
Stamm, Melitta, 22.
Stapp, Wolfgang, 109.
Stoltenberg, Peter, 91.

Stoltenberg, Philine, 88, 115.
Streicher, Julius, 12.
Strietzel, Manfred, 88.
Strittmatter, Erwin, 104.
Szondi, Peter, 50.
Szyrocki, Marian, 62, 64f.

Träger, Claus, 68.
Trakl, Georg, 33.
Trunz, Erich, 52, 54f., 58, 83.

Ulbricht, Walter, 31.

von Thun-Hohenstein, Graf und Gäfin, 73.

Walser, Martin, 48.
Wapnewski, Peter, 45, 47, 50, 99.
Wawersik, Jürgen, 78.
Wegener, Hermann, 78.
Weidemann, Volker, 78.
Weigel, Helene, 41.
Weise, Christian, 94.
Wellershoff, Dieter, 99.
Wiechens, Burkhard, 78.
Wiehager, Renate, 94.
Wolf, Christa, 68.
Wolf, Jörn-Henning, 78.
Wollgast, Siegfried, 64.
Wulff, Hans Jürgen, 101.
Wünsch, Marianne, 101.

Zernak, Julia, 99.

Valeska Steinig

Abschied von der DDR
Autobiografisches Schreiben nach dem Ende der politischen Alternative

Frankfurt am Main, Berlin, Bern, Bruxelles, New York, Oxford, Wien, 2007.
222 S.
Schriften zur Deutschen und Europäischen Literatur des 19. und
20. Jahrhunderts. Verantwortlicher Herausgeber: Bernhard Spies. Bd. 61
ISBN 978-3-631-56237-6 · br. € 39.–*

Die Wiedervereinigung 1990 brachte eine auffällig expansive Produktion autobiografisch verfasster Texte hervor, die entweder eigene Lebensbeschreibungen waren oder fiktive Texte, die sich der autobiografischen Erzählweise bedienten. Sie wurden vor allem von ehemaligen DDR-Schriftstellern, aber keineswegs nur von ihnen verfasst. Die Arbeit analysiert die Methoden dieser Ich-Darstellungen umfassend und detailliert. Es wird deutlich, dass es vor allem die seit 1990 einsetzende Welle politischer Delegitimation ist, auf die Autoren ganz unterschiedlicher Provenienz mit vergleichbaren Mustern der Legitimation antworten. Die Selbstbehauptung ihrer Identität als Schriftsteller schließt in aller Regel den endgültigen Abschied von der politischen Alternative des Sozialismus ein. Die Untersuchung bietet nicht nur einen Überblick über ein großes Textkorpus, sondern liefert auf breiter Materialgrundlage auch einen akzentuierten Beitrag zur Theorie autobiografischen Schreibens.

Aus dem Inhalt: Autobiografisches Schreiben nach 1990 · DDR-Schriftsteller · Gelingende und versuchte Selbstbehauptungen von ‚Künstler'-, infantil-juvenilen- und krisenhaften Identitäten · Unterschiedliche Modi von Legitimation gegen die politische Delegitimierungswelle seit 1990 und seit dem deutsch-deutschen Literaturstreit · Varianten autobiografischen Schreibens: ex negativo, (fremd)biografisch und satirisch · Notwendiger und endgültiger Abschied von der politischen Alternative des Sozialismus

Frankfurt am Main · Berlin · Bern · Bruxelles · New York · Oxford · Wien
Auslieferung: Verlag Peter Lang AG
Moosstr. 1, CH-2542 Pieterlen
Telefax 00 41 (0) 32 / 376 17 27

*inklusive der in Deutschland gültigen Mehrwertsteuer
Preisänderungen vorbehalten
Homepage http://www.peterlang.de